家事の㊙ワザ

一流のプロたちに学ぶ
「家庭で使える得ワザ」大全集

「得する人 損する人」編

番組最強の「家事の得ワザ」お助け軍団が、ここに集結!

番組公式本第3弾となる本書で、「家事の得ワザ」を披露してくれる面々は、ご存じ「得損ヒーローズ」だけではありません! 有名シェフに、修理・掃除の専門家、さらにプロ顔負けの高校生シェフまでその道の「達人たち」が完全サポートしてくれています。ここに集結した「家事の得ワザ」お助け軍団の正体とはいかに?

我らが「得損ヒーローズ」の魅力を解剖!

「家事全般」死角ナシ!得ワザの宝庫

001 家事えもん

料理・掃除・洗濯など、すべての家事を研究する家事万能芸人、松橋周太呂。特に、掃除や洗濯に関する得ワザへの探求心は半端なく、掃除技能検定士5級やジュニア洗濯ソムリエの資格まで取得。自宅には洗剤100種類、スポンジは30種類以上を常備し、番組ではそれらの「秘密道具」を駆使した掃除・洗濯ワザを披露。また、秘密道具と同様に、考え抜かれた食材の組み合わせで作る「かけ算レシピ」にも磨きがかかる。さらに最近では、他のヒーローズの得ワザを真面目に解説するなど、まさに"笑いよりも汚れを取る家事型ロボット化"が進行中?!

番組最強の「家事の得ワザ」お助け軍団が、ここに集結！

イチオシ得ワザトピックス

レンジだけで作れる冷やし中華

豚薄切り肉で煮豚が作れる！

今回も「これでもか！」というくらい、得ワザを駆使する家事えもん。料理に関する時短、便利さ、お手軽さに加え、目からウロコのとっておきネタなど、知っていれば達人になれる〝スグレモノネタ〟を大披露！「レンジだけで作れる！ クリーミーなのに後味サッパリ！ 冷やし中華」は、そのものずばり驚きのレンジだけで作れる逸品！

➡ 詳細は96pへ

イチオシ得ワザトピックス

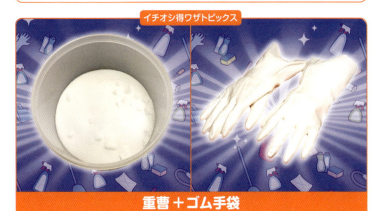

重曹＋ゴム手袋

驚くくらいに、ピカピカになる！

得ワザや秘密道具を使い、家事をなんなくこなすのも家事えもんの真骨頂！　油汚れ、鍋の焦げ、シンクの水アカ、排水溝の汚れ……などなど、家中の〝汚れ〟や〝洗濯テク〟など、みなさんがお悩みの家事のコツを、そつなくご紹介！「シンクの水アカは重曹とゴム手袋でピカピカ！」は簡単、お手軽、ちょちょいのちょい!!

➡ 詳細は194pへ

番組最強の「家事の得ワザ」お助け軍団が、ここに集結！

名店の味を次々と再現！
神の舌をもつ元料理人

⑦ サイゲン大介

和食の店で6年修業していたという元プロの料理人という経歴をもつ、お笑いコンビ「うしろシティ」の阿諏訪泰義。お笑いの賞レースでもファイナリストの常連という実力者だけあり、料理にもプライドをもってのぞんでいる。家にストックしている世界中から集めた100種類を超える調味料をも駆使し、名店の味を再現。一度食べただけでその料理を完璧再現できるという「神の舌をもつ男」として、レギュラー出演者からも絶大な信頼を得ている。最近はコンビニ食材での対決も多いが、コンビニ店にあの格好は、正直大丈夫なのか？心配される。

イチオシ得ワザトピックス

サンドイッチの本格キッシュ

絶対、試す価値ありのレシピを連発！

今回サイゲン大介が挑むのは、コンビニ食材300円以内を使って、一流シェフと戦う本格ディナー対決！「本格パエリア」「揚げないカニクリーム風コロッケ」「海鮮チヂミ」などなど、シェフも唸る本格レシピを再現！「サンドイッチの本格キッシュ」は、まっ、まさか！のワザの連発で、これは絶対、再現したくなるはず。

➡ 詳細は138pへ

04

番組最強の「家事の得ワザ」お助け軍団が、ここに集結!

「30分に何品作れるか」に全力をかける男

⓪13 ウル得マン

家事えもんが料理の師と仰ぐ腕前の持ち主、お笑いコンビ「犬の心」のいけや賢二。19歳から大手居酒屋チェーン店で働きはじめ、殺到する注文を限られた時間でこなしていくうちに鍛え上げられた手際の良さは、いまや料理のプロを目指す高校生たちにも憧れられる存在に。得意ワザとする「必殺高速包丁」だけでなく、過酷な30分クッキングの出張現場で培われた軽快なフットワークで、30分で作れるレシピの質も確実にアップ! ただし、料理に没頭するあまりコメント数が減少。さらに美人女優など女性ゲストに弱くグダグダになる傾向があるなど課題も抱える。

イチオシ得ワザトピックス

春キャベツの和風アクアパッツァ

今の季節にピッタリの「春キャベツ」9変化!

「春キャベツ」はいろいろな料理に使えて便利。ところが意外とメニューはマンネリ化しがち。そこでウル得マンが30分間クッキングで9品を披露。レシピのなかには「シェフも驚いた得ワザベスト15」で1位に輝いた「アサリの砂抜き時短ワザ」を使った見た目も豪華な「和風アクアパッツァ」なども。

➡ 詳細は40pへ

「一つの惣菜をリレー」して何品にも! ウル得マンの弟

031 ウル得マンタロウ

あくまでも「設定」のため、ウル得マンには似ていないが、弟を名乗るイケメンニューヒーロー滝口幸広。その正体は、『仮面ライダードライブ』やミュージカル『テニスの王子様』にも出演するイケメン俳優。実家がイタリアンのお店で、==小さい頃から料理の英才教育を受けて育った料理界のサラブレット==でもある。番組では、残りものの惣菜から別の料理にアレンジし、さらにそれをまた別の料理に変化させるリレーレシピを披露。ウル得兄にはない、料理のコツをスラスラ熱く解説する姿もまたイケているが、しゃべり過ぎて料理が進まなくなる弱点も発覚!

番組最強の「家事の得ワザ」お助け軍団が、ここに集結!

イチオシ得ワザトピックス

肉じゃがをニョッキに

知っていると、重宝するリレーレシピ!

定番のお惣菜である「かぼちゃの煮つけ」「肉じゃが」「ポテトサラダ」を、次々と新たな料理にアレンジし、また新たな料理を生み出していくリレーレシピ。「肉じゃがをニョッキに」などは、「え? そんな使い方するの」と、驚きの展開に! あれよあれよとウル得マンタロウが大変身させるリレーレシピをご覧あれ。

➡ 詳細は115pへ

番組最強の「家事の得ワザ」お助け軍団が、ここに集結！

身近な卵料理が
簡単な得ワザで大変身！
卵のスペシャリスト

⓪⓪⑧ タマミちゃん

親指に小さな卵のイラストをつけて「エッグ〜！」のかけ声とともに登場するタマミちゃんこと、タレントの友加里ちゃん。普段は、司会業やイベントのリポーターとして活躍しているが、調理師、卵の知識が豊富な人に与えられる「三ツ星タマリエ」の資格をもち、その卵愛が止められないため、番組では数々の卵料理を専門に紹介している。「良い意味で普通のルックス」と称される彼女だが、目玉焼きやスクランブルエッグ、卵かけごはんなどまさに普通の卵料理が、誰でも真似できる得ワザで、みるみる「グ〜！」なルックスと味に変身してしまうのだ！

イチオシ得ワザトピックス

カルボナーラ風卵かけごはん

卵のことならなんでもお任せ！

今回もタマミちゃんのスペシャルな〝卵ワザ〟は健在！　高級ホテルで食べるようなメニューに、なるほど、納得、大満足になれるはず。「スクランブルエッグ」「焼き卵かけごはん」「フワトロ親子丼」など、卵好きにはたまらない!?「濃厚トロトロ！ カルボナーラ風卵かけごはん」は、毎朝でも食べたい味！

➡ 詳細は86pへ

番組最強の「家事の得ワザ」お助け軍団が、ここに集結！

食材に捨てるところナシ！究極節約レシピの達人

(025) ステナイおばさん

普段なら捨てちゃう「ポイ食材」を使い、単に節約するだけでなく絶品料理に変えてしまうのは、独身女芸人、お笑いコンビ「ボルサリーノ」の関好江。昭和の"もったいない"精神からくる愛のある料理は、レギュラー出演者から「女神のスゴ技」と称賛されるほどの腕前。そんな神の領域にまで上りつめた彼女の料理の魅力は、硬さや筋などが気になるポイ食材を、食感を考えて切り方を工夫するなど計算しつくされた技の妙にあり！出演者たちの絶賛の言葉に対し、「私、これで（独りでも）一生生きていける！」と涙する彼女の乙女な姿に感動を覚えた視聴者も少なくない⁈

頭も体も使った得ワザが光る！万能ロボット

(028) 得損超合金

人気お笑いコンビ「メイプル超合金」が、ロボット化して登場。カズレーザーの母方の実家がイチゴ農家ということで、こだわりの赤い服もイチゴバージョンにカスタマイズ。「イチゴだけでこの体になった」と豪語しつつ、しっかり頭を使った化学的得ワザでイチゴを新食感スイーツに変身させる。番組内では相方の安藤なつも体を張った得ワザを披露。頭も体も使えるところが強みだ。

番組最強の「家事の得ワザ」お助け軍団が、ここに集結!

実家ネタをフル活用して、まさに「神」ワザを披露

⑳ カミナリ様

激しいツッコミで知られる若手漫才コンビ「カミナリ」。2人の出身地茨城はメロンの生産量全国1位であり、ツッコミ担当の石田たくみの実家もメロン農家。そこで番組では、捨てるしかないメロンのワタを使った得ワザを紹介。一方相方の竹内まなぶは、実家が魚屋でよく手伝っていたためイカの内臓(ワタ)を簡単に取る方法を紹介する。ワタつながりの実家ネタに今後も期待したい。

お米に関する得ワザ、おいしく調理するコツを教える!

㉚ お米のQ太郎

ハイキングウォーキング・鈴木Q太郎が扮する「お米のQ太郎」。実家は新潟で4代続く魚沼産コシヒカリを作るお米農家。過去には日本一のお米を受賞した実績をもつ。それだけに、お米に関する知識はゼツダイ!だ。そんなお米のQ太郎が今回番組で紹介したのは、ちょっとしたコツで、古米をおいしく変身させる得ワザ。簡単であっぱれな得ワザなのでお試しあれ!

持ち前の科学の知識は家事にも役立つ!

㉜ 桝えもん

「好きな男性アナウンサーランキング」で殿堂入りを果たした日本テレビアナウンサー桝太一。東京大学大学院で理系を専攻していたというだけあり、番組では、その科学の知識を駆使した家族で楽しめる得ワザを、分かりやすい解説入りで紹介。特に塩と遠心力の作用であっという間に美味しいジェラートができる旨得ワザは大好評に。その知識はやはり本物!

番組最強の「家事の得ワザ」お助け軍団が、ここに集結!

得損ヒーローズも一目おく、その道の「達人たち」もご紹介!

得ワザでもこだわり&独創性を発揮する強面シェフ

「リストランテ エッフェ」
小林幸司オーナーシェフ

イタリア最高レベルのリストランテ「ヴィッサーニ」の外国人初料理長に就任。その後、中目黒に1日1組限定、二度同じ料理は出ないという伝説のリストランテ「フォリオリーナ・デッラ・ポルタ・フォルトゥーナ」を開業(後に軽井沢に移転)。現在は、同店と銀座の「リストランテ エッフェ」にて、番組でも垣間見せるその<u>こだわりがたっぷり注がれた独創性豊かな極上イタリアン</u>を提供している。番組では、シェフがその言い方に拒否反応を示し続ける「余ったもの」をアレンジする料理で、主婦もまねできるプロのワザを披露。さらに対決レシピの審査員などで的確な解説をするなど、番組にはもはや欠かせない存在に。

イチオシ得ワザトピックス

2日目のカレー カンネローニ

あれもこれも、イタリアンに大変身させる!

「みそ汁」「カレー」「餃子のタネ」など作り過ぎてしまった料理を、巧みなワザと斬新なアイディアでアレンジする小林シェフ。「余ったものではない、作り過ぎたものだ」「作り過ぎたものは、すでに時間が調理している」など独自の哲学と美学で、オリジナルな料理を提供する。とくに「2日目のカレー」がイタリアンになるアレンジは必見!

➡ 詳細は104pへ

番組最強の「家事の得ワザ」お助け軍団が、ここに集結！

イタリアンの鬼才
小林シェフの若き後継者

「リストランテ エッフェ」
安藤悠太シェフ

鬼才・小林シェフの右腕にして、そのDNAを受け継ぐ男。入店3年目にして、店を切り盛りする若き覇者。コンビニ食材対決では、イタリアンのシェフでありながら、ハンバーグと肉じゃがという和洋の惣菜を組み合わせ、さらにパンをラザニア代わりにするなど豊かな発想力を見せつけた。さらに洗いものもボウルとスプーンだけという主婦に優しい心配りも見せるあたりは、まさに鬼才の右腕ならでは。

「フォリオリーナ・デッラ・ポルタ・フォルトゥーナ」
長野県北佐久郡軽井沢町長倉2147-689　TEL0267-41-0612（完全予約制）
「リストランテ エッフェ」　東京都中央区銀座2-4-6 銀座 Velvie 館8F
TEL03-6228-6206　http://www.ristoranteeffe.jp/

欲張り主婦目線も
あわせ持つ
フレンチシェフ

「Bistroあおい食堂」
加賀田京子オーナーシェフ

『料理の鉄人』で、中華の鉄人・陳建一に勝利した実績をもつ名シェフ。一児の母でもある女性シェフならではの感性で作り出されるフランス家庭料理は、数々の雑誌にも取り上げられるほどの人気ぶり。美しく繊細、それでいて肩の凝らないお洒落な一皿にはファンも多い。番組では、主婦目線の欲張りワザ満載のコンビニレシピを紹介。

「Bistro あおい食堂」
東京都世田谷区代沢3-1-15マンション竜宮1F　TEL03-5787-8820
https://bistro-aoi.amebaownd.com/

サイゲン大介に初黒星をつけたイタリアンの天才

「セントベーネ」
加藤政行シェフ

日本イタリア料理協会会長・落合勉シェフから、ただ1人のれん分けを許された弟子。初めてコンビニ対決に登場した際には、梅おにぎりを本格リゾットに変身させるレシピで、サイゲン大介に初の黒星をつけた因縁の相手でもある。食材はもちろん作り方にもこだわったお店の人気ぶりが分かる簡単ワザで、天才の味が誰でも真似できる!

「セントベーネ」
東京都渋谷区神宮前3-1-28　ベルタウン青山2F　TEL03-5775-5911
http://www.sento-bene.com/

番組最強の「家事の得ワザ」お助け軍団が、ここに集結!

新進気鋭の魚介フレンチの求道者

「Abysse（アビス）」
目黒浩太郎オーナーシェフ

29歳の若さで南青山に自らのお店をオープン。開店1年目でミシュラン一つ星の評価を獲得しているフレンチ料理界の若きプリンス。お店では、アミューズからメインディッシュまで、すべて主役は魚介類で構成するという魚料理へのこだわりを、番組でもいかんなく発揮。通常約5時間かけてつくる濃厚魚介スープをコンビニ食材で再現してしまう。

「Abysse」
東京都港区南青山4-9-9　AOYAMA TMI 1F　TEL03-6804-3846
http://abysse.jp/

番組最強の「家事の得ワザ」お助け軍団が、ここに集結！

海外からも依頼が届く家具修理の達人！

得損ウィザード001
鄙里 寛
（ひなさと）

得損ヒーローズを超える、魔法のようなワザをもつ軍団「得損ウィザード」の記念すべき第1号。番組内では、テーブルの欠けてしまった角を見事に再生させたり、椅子に残った思い出をそのまま活かして修理をするなど、その心のこもった至れり尽くせりのプロワザを惜しげもなく披露。家具修理専門店「クリスタル工芸」のオーナーとしてこの道40年。「直せないものはない」と豪語するだけあり、国内各地はもちろん、海外からも依頼が届く==家具修理のプロ中のプロ==なのだ！

イチオシ得ワザトピックス

フローリングの傷を再生させるコツ

プロが教える、道具の使い方！

今回紹介するのは、素人でもできる「フローリングの傷を再生させるコツ」だ。「なーんだ、秘密道具を使うのか」と侮るなかれ。〝プロが指南〟するだけに、使い方にひと工夫がある。これを知っていると知らないでは、雲泥の差があるので、フローリングの傷でお悩みの方は、すぐさま利用するべし！

➡ 詳細は180pへ

「クリスタル工芸」　千葉県松戸市串崎南町187　TEL & FAX：047-386-8888
http://www.crystal-art.ws/index.html

家事代行サービス界の
ナンバー1!

家事代行サービス「CaSy」
瀬戸島実千代

主婦アンケートでは約7割が興味があると答えるなど、今注目を集めている家事代行サービス。スマホのアプリなどから手軽に手配できる<u>「CaSy(カジー)」で、今一番人気を誇る家事ワザのプロ</u>。年間依頼数400件という各家庭のゴミと汚れを知り尽くすプロが持参する道具は、ナント100円ショップで購入できる「ゴム手袋・マイクロファイバー雑巾・掃除用ブラシ」のみ! そこに掃除・収納に関わる資格を8個も所有するというテクニックが加わると、汚部屋があっという間にキレイに!

番組最強の「家事の得ワザ」お助け軍団が、ここに集結!

イチオシ得ワザトピックス

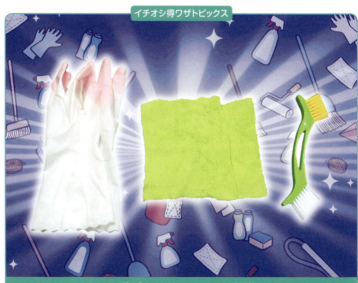

ペットの毛がついたカーペット掃除のコツ

家事の悩みをプロのコツで簡単解決!

この3種の便利グッズを使うと「ペットの毛がついたカーペットの掃除」など、家庭の簡単な汚れはほぼ落とせてしまうというから驚き!特にマイクロファイバー雑巾は毛の長さが違う数種を使い分けあらゆる場所の掃除に活躍。つい面倒になりがちな日常の家事もそのポイントと汚れを防ぐコツを知ればよりラクで簡単に。

➡ 詳細は184p、204p

家事代行サービス「CaSy」　https://casy.co.jp/　※番組では、格安2時間コース(5400円)で紹介

得損甲子園で優勝した高校生

プロ顔向けの腕前！将来有望な若き料理人

長崎 向陽高校

高校生日本一を目指す「得損甲子園30分スピード料理バトル」で、見事、優勝したのが長崎向陽高校である。料理に向き合うひたむきな姿勢、努力を惜しまず日々研鑽するその姿に、感動された読者のみなさんも多かったのでは？今回本書では、そんな彼女たちに特別インタビューを敢行！決勝戦までの日々や思い、アクシデント、熱いドラマを、ここで紹介する！

➡ 詳細は166p

決勝戦で作った料理は14品！

番組で放映した決勝戦では、14品を作った長崎 向陽高校。本書では、「鮭の煮つけ」「ちゃんぽん鍋」「ちゃんぽんリゾット」「あじさい揚げ」「はらすの生からすみ焼き」のレシピを特別公開！

あなたはどのタイプ？
得する人 損する人 チェック!

番組で、料理・掃除など家事全般の得ワザ、プロのワザを紹介する得損ヒーローズ。彼らにかかれば、面倒くさい家事も、あらあら不思議、なんだか楽しくなってくる!?　ここではそんな彼らをめざすべく、「イエス・ノーチャート」であなたのタイプを診断!あなたのタイプを見つけて、それぞれのページで紹介する〝得ワザ〟を、取得して!!

←がYes、←がNo。下の質問にYesかNoで答えて、それぞれの矢印に進んでください。

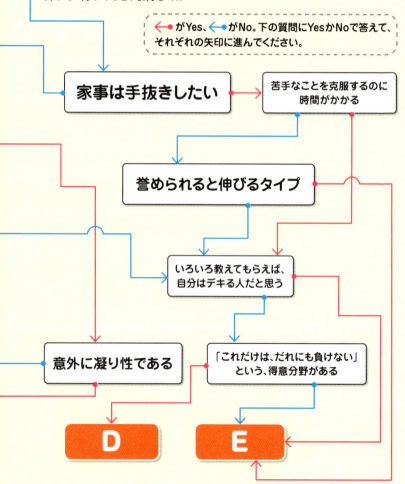

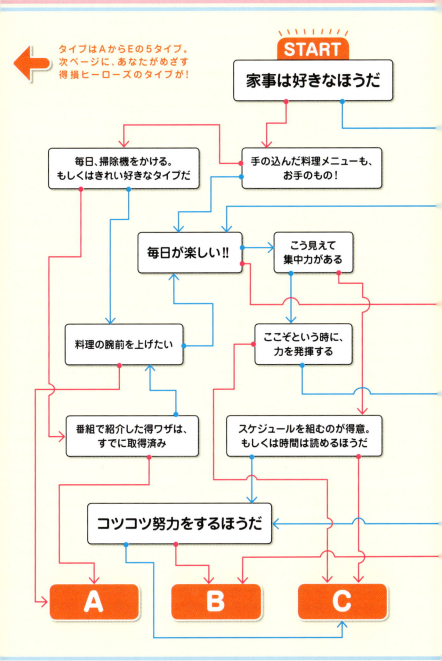

自分でも気がつかなかったタイプがわかる！
あなたがめざす、または、あなたにピッタリな「得損ヒーローズ」は？

あなたが導き出した答えが「得する人 損する人」に登場する得損ヒーローズに、当てはまるイエス・ノーチャート。「えー、こんなタイプじゃないかも」と思わずに、それぞれのキャラクターが紹介するページを開いてみて！ 知らなかった得ワザや、驚きのメニュー、タメになる掃除のコツにハマること間違いなし!!

B のあなたがめざすのは…

〝サイゲン大介〟

一見すると飄々としているけど、実は内側はアツいタイプ。サイゲン大介のように、目標や結果に向かって、人知れず努力をしているようですね。大丈夫、その努力はやがて実を結び、報われる日がやってきます! サイゲン大介が自分の舌を信じているように、あなたも自分を信じて、己の家事道を突き進んで!! きっとあなたにしかできない家事が見いだせます。

A のあなたがめざすのは…

〝家事えもん〟

家事は、毎日の仕事。言ってしまえばルーティンワークです。けれどそれをおろそかにしないのが、あなたです。どんなに忙しくても、どんなに疲れていても、ささささっと家事をこなしているよう。かなりステキです。ですがテッペンをめざすなら、今以上に努力をして、サクッと得ワザを使いこなせば、炊事洗濯が完璧な「家事えもん」になれるはず。がんばって！

C のあなたがめざすのは…

〝ウル得マン〟

器用貧乏なだけに張り合いや、ごほうびがないと、本来の力を発揮できないかもしれません。けれど旦那さんの笑顔や、子どもたちが喜ぶ姿のためならOKですよね!? あなたはだれよりも「ここぞ！」というときにその力をフル活用できるタイプ。特にウル得マンのように時間を区切ったり、目標をたてて家事をすれば、得損ヒーローズ道を極められるはずです！

D のあなたがめざすのは…

〝ウル得マンタロウ〟や〝タマミちゃん〟 または、そのほかの得損ヒーローズ

何でもできるタイプではないけれど、得意分野では本領を発揮するタイプです。だから誰かと比べずに、自分の得意な家事力を伸ばしましょう。ウル得マンタロウやタマミちゃんのように「これだけはだれにも負けない、ピカイチなワザ」や「あなたにしかできない家事スピリッツ」を得られれば、さらなる自信が身につくはず。でも毎日忙しいから……、と諦めないで！ あと一歩の努力で、それが叶います。まずは、それぞれの得損ヒーローズのページを開いて、得ワザやポイントを実践して、自分のものにしてください！

E のあなたがめざすのは…

〝得損ヒーローズも一目おく、 その道の「達人たち」〟

「苦手な家事を克服したい」「もう少し、料理がうまくなりたい」……、「でも難しいのはイヤ」と思っていませんか？ そんなあなたにピッタリなのが、得損ヒーローズも一目おく、その道の「達人たち」タイプです。「え、そんなのムリ」と思わずに、大丈夫、安心して！ いきなり達人たちになる必要は、ありません。それぞれのページの得ワザやプロのコツを、しっかり取得して、自分のモノにすれば良いのです。為せば成る、ローマへの道は一日にしてならず、よろしく、本書がボロボロになるくらい熟読すれば、栄光はすぐ目の前に!!

はじめに

料理、お掃除、洗濯、収納など家事の得ワザがつまった番組「得する人 損する人」。番組内で話題となった本当に使える得ワザをまとめた番組公式本は、これまでに第1弾『得する家事』、第2弾『得するごはん』とシリーズ化され、その好評を受けていよいよ第3弾を発刊することとなりました。

料理に掃除、家事のことならなんでもおまかせの「家事えもん」、コンビニ食材を名店の味にしてしまう「サイゲン大介」、30分間で驚異の品数の料理を作る「ウル得マン」に加え、個性豊かな「タマミちゃん」や「ステナイおばさん」、ニューヒーローの「ウル得マンタロウ」など番組が生んだ「得損ヒーローズ」は、さらにその底力を余すことなく発揮してくれています。

ですが、それだけで終わらないのが第３弾！『料理編』では、作り過ぎた料理やコンビニ食材を一流のシェフたちが絶品料理に変身させていく新たなプロ得ワザも掲載。そして『掃除・洗濯編』では、得損ヒーローズを超える、魔法のようなワザをもつ軍団「得損ウィザード」も登場し、ひと手間かけたプロの修理得ワザを伝授してくれています。

さらに、番組情報にプラスして、「スペシャル得ワザ」企画もご用意！ 番組に登場した家事代行サービスのプロに聞いた「汚れポイント＆防ぐコツ」やとっておきの知っ得ワザもイラスト入りで分かりやすく解説。また、特番で放送され感動を呼んだ「得損甲子園30分スピード料理バトル」で優勝した高校生チームに後追い取材を敢行。熱き戦いの舞台裏のレポートと優勝したレシピもあわせてご紹介！ 今までにも増して盛りだくさんでお届けします!!

CONTENTS

番組最強の「家事の得ワザ」お助け軍団が、ここに集結！

あなたはどのタイプ？「得する人 損する人」チェック！ 016

はじめに 002

料理の得ワザ「食材別」レシピ

「野菜」の旬も取り入れられる

- 1袋4玉使い切り！「新玉ねぎ」早得ワザで7変化！ 030
  オニオンスライスサラダ／玉ねぎのしょうゆチーズ焼き／オニオンフライ／玉ねぎと桜エビのかき揚げ／キーマカレー＆ハヤシライス風の2色丼／玉ねぎのオイスターかた焼きそば／オニオングラタンスープ

- 【コラム】下処理が面倒な「にんにくの皮」は、むく前にレンチンをするだけで気持ち良くツルンとむける！ 035

- あれこれ使える！「春キャベツ」2玉を早得ワザで9変化！ 036
  春キャベツのカレー炒め／春キャベツのバーニャカウダ／春キャベツの炒めマリネ／春キャベツの春巻き風／春キャベツと納豆のオムレツ／春キャベツのお好み焼き／春キャベツの塩昆布和え／春キャベツの和風アクアパッツァ／アクアパッツァシメのラーメン

- 【コラム】「レタス」は冷蔵庫に入れる前に、つまようじ3本を使えば1週間たってもシャキシャキのまま！ 041

- 葉と皮も使って無駄ナシ！「だいこん」2本を早得ワザで6変化！ 042
  だいこんの皮ごときんぴら／ブリだいこん／だいこんのみぞれ鍋／だいこんのピクルス／だいこんのタコライス／だいこんモチ

「肉」三昧でガッツリいきたい人に

- 鶏の「むね肉」5枚と「ささみ」21本の合わせ早得ワザで5変化！ 046
  ウル得パウダー 和風から揚げ／新感覚！和風まぜそば／チキンライス／ささみチーズめんたい／ピカタ

- 「鶏もも肉」4キロ16枚を早得ワザで5変化！ 050
  チキントマト煮／チキンピザ／Wスープの鶏茶漬け／チキンチリソース／チキンマヨネーズ和え

- ステーキ肉からひき肉まで多用な「牛肉」を早得ワザで8変化！ ………… 054
  韓国風すき焼き／牛しゃぶサラダ～担々風ドレッシング～／牛カツ 2種類のソース添え／スタミナ満点！ ガーリックステーキ／
  夏野菜のチーズグラタン／ジャージャーうどん／特製そぼろのチリコンカン／ビーフシチュー
  【コラム】「鶏もも肉」はカレー粉＋余ったキムチの汁で、スパイシーな本格タンドリーチキンに！ ………… 059
- お手頃で使い勝手がいい「豚ばら肉」約2キロを早得ワザで5変化！ ………… 060
  豚ばらの酢豚／豚ばらしょうが焼き／豚ばらつけ汁そうめん／豚ばらスタミナ丼／豚ばらカツサンド
- 安い牛ひき肉が名店のような「肉汁ジュワーなハンバーグ」に！ ………… 064
- 鶏ひき肉×食パンで、外カリッ！ 中フワッ！ な「チキンナゲット」 ………… 066

🐟「魚」の下処理もおまかせ

- お買い得な「まぐろの柵」15柵を早得ワザで6変化！ ………… 068
  漬けまぐろのサラダ／まぐろの彩りちらし寿司／まぐろのカツ／まぐろステーキ／まぐろのねぎま汁うどん／まぐろのディップ
- アレンジしやすい「あじ」6尾を早得ワザで8変化！ ………… 072
  山いも磯辺揚げ／あじフライ／あじのトマト煮／あじのポキ／あじの漬け丼／あじのムニエル～レモンバターアーモンドソース～／
  あじのカルパッチョ／あじのタルタル
  【コラム】「イカの内臓」は包丁で縦に切れ目を入れて引っ張れば、5秒で取れる！ ………… 077
- 子どもにも人気の食材「殻付きエビ」80尾を早得ワザで5変化！ ………… 078
  エビとアボカドソースのサラダ／エビチリ／エビフライ／エビしんじょう／エビのつけ麺
  【コラム】魚焼きグリルの油汚れ防止は、焼く前にトレイに水溶き片栗粉を入れるだけでOK！ ………… 083

🥚「卵」の基本料理も格上げできる

- 高級ホテルのようなフワトロで濃厚なスクランブルエッグ ………… 084
  【コラム】面倒な「ゆで卵のみじん切り」は、ミカンのネットを使えば、一発で簡単にできる！ ………… 085
- 濃厚トロトロ！ カルボナーラ風 卵かけごはん ………… 086

CONTENTS

料理の得ワザ「テーマ別」レシピ

↻「作り過ぎた料理」を簡単アレンジ

- 残ってしまったみそ汁を「みそ風味の焼きリゾット」に ……………………………… 102
- 2日目のカレーを「カンネローニ仕立て」に …………………………………………… 104
- 作り過ぎた餃子のタネを「トマトグラタンスープ」に ………………………………… 106
- 残ったローストチキンを「スフォルマート」に ………………………………………… 108
- 「かぼちゃの煮つけ」リレー進化レシピ6品！ ………………………………………… 110
  かぼちゃのフリット／かぼちゃのトマトチーズ焼き／トマト焼きアンチョビパスタ／かぼちゃのディップ／

∭「麺」料理のバリエーションが確実に増える

- ふわトロ卵のチリソースあんかけ焼きそば ……………………………………………… 092
- モチモチ濃厚！ 担々風ラーメン ………………………………………………………… 094
- レンジだけで作れる！ クリーミーなのに後味サッパリ！ 冷やし中華 ……………… 096
- 火を使わない、コクうま沖縄風うどん …………………………………………………… 098
- [コラム]うどんを油で3分揚げるだけで、子どもが喜ぶチュロスができる！ ……… 100

∭

- マグカップを器にしたフワトロ親子丼 …………………………………………………… 091
- 絶品！ 生オムライス風 卵かけごはん …………………………………………………… 090
- 新食感！ 長いもでふんわり 焼き卵かけごはん ……………………………………… 088

・かぼちゃのスープ白みそ仕立て／かぼちゃのパンケーキ

・「肉じゃが」リレー進化レシピ4品！ ……………………………………………………………………………… 115
肉じゃがのカナッペ／ミネストローネ／ニョッキ／マルゲリータ

・「ポテトサラダ」リレー進化レシピ4品！ ……………………………………………………………………… 120
揚げカルツォーネ／ヴィシソワーズ／カプレーゼ／プリン

🏪 「コンビニ食材」が本格ディナーに！

・チキンdeビーフシチュー …………………………………………………………………………………………… 124
・魚介のうま味がたまらない！ 本格パエリア ……………………………………………………………………… 126
・そうめんと明太ポテトサラダで作る 野菜がおいしい！ 冷製カッペリーニ ………………………………… 128
・鍋もフライパンも不要！ 揚げないカニクリーム風コロッケ ……………………………………………………… 130
・10分で完成！ ハンバーグとクロワッサンで作る本格ラザニア ………………………………………………… 132
・10分で完成！ 本格海鮮チヂミ ……………………………………………………………………………………… 134
・フィッシュバーガーのスープ・ド・ポワソン ……………………………………………………………………… 136
・サンドイッチの本格キッシュ ………………………………………………………………………………………… 138

🧁 「スイーツ」もオリジナル得ワザで大変身！

・メロンのワタを水切りネットで絞れば、絶品メロンソーダができる！ ……………………………………… 140
・しなびたイチゴは炭酸飲料に漬けておくだけで新食感スイーツに変身！ …………………………………… 141
・たった2枚の密閉袋を振り回すだけで、30秒でジェラートが作れる ………………………………………… 142
・材料2つで作れる！ 簡単スイートポテト …………………………………………………………………………… 144
・フワフワモチモチなフレンチトーストは、おせんべいを使えば10分で作れる！ …………………………… 146

CONTENTS

家事は料理だけではありません！
もっと家中ピカピカスッキリ！

掃除・洗濯 の得ワザ

👍 「知っ得！ 便利レシピ」で節約＆時短

- 女性や子どもに人気の進化系梅おにぎり ………… 148
- インスタ映えすると話題！ 開けてびっくり！ スイカおにぎり ………… 149
- 冷蔵庫の余り物で作れる大人の味。静岡の郷土料理、泣き飯風おにぎり ………… 150
- 【コラム】古くなったお米が新米のように甘くモチモチ！ おいしくするにはもち米を混ぜて炊く ………… 151
- 余りがちな「お餅」で6変化！ ………… 152
  餅春巻き／餅牛串カツ／餅ピザ／餅とん平焼き／餅チーズタッカルビ／チョコ餅フォンデュ
- 食べてビックリ！ エビフライ生ふりかけ ………… 156
- まるでそのもの！ 油淋鶏生ふりかけ ………… 157
- 【コラム】余った食パンはアルミホイルに包んで冷凍すると、ふっくらモチモチがキープできる！ ………… 158
- 【コラム】野菜にパン粉をまぶして3時間おくだけで、ぬか漬け風になる！ ………… 159
- 【コラム】レトルトカレーの得ワザ① 50回シェイクするだけで、まろやかな味に激変！ ………… 160
- 【コラム】レトルトカレーの得ワザ② 和風ドレッシングを混ぜれば名店のコクに格上げ！ ………… 161
- 家事えもん流 絶品！ 麻婆カレー丼 ………… 162
- チャーハンの弱点を全て解決！ 失敗しないパラパラチャーハン ………… 164
- 【スペシャル得ワザ】「得損甲子園30分スピード料理バトル」決勝 ………… 166

🛋 「リビング」はみんなが集まる場所だからこそ日常的にキレイに

【スペシャル得ワザ】家事代行サービス「CaSy」・瀬戸島実千代さんに聞く！

- 壁をこすったような汚れは普通の消しゴムで簡単に落とせる ……… 174
- 焦げつき、水アカ、鉄サビまで万能に活躍！ 壁についたシールのベタベタ汚れをきれいに落とす ……… 176
- フローリングの隠れカビは、中性洗剤とナイロンタオルで除去できる ……… 177
- カーペットの汚れは重曹＋酸素系漂白剤で作る「魔法のシミ取り液」で！ ……… 178
- 修復のプロが伝授！ フローリングの傷を目立たなくするグッズ、傷かくしクレヨンはこう使うべし！ ……… 179
- 絨毯の目に入った細かいゴミは、掃除機を縦横十字にかければ残さず取れる！ ……… 180
- ペットの毛がついたカーペットの掃除は、ブラシとマイクロファイバー雑巾で！ ……… 182
- あきらめていたテレビの裏のホコリは、ほこりん棒で絡め取るだけ！ ……… 184
- エアコンのフィルターの汚れはすきまノズルですっきり、きれいに！ ……… 185
- 掃除がしにくいサッシは加圧式お掃除スプレーでラクラク、一気に！ ……… 186

🍳 「キッチン」はホコリだけでなく油汚れや水アカもあわせて撃退！

【スペシャル得ワザ】家事代行サービス「CaSy」・瀬戸島実千代さんに聞く！

- キッチンのしつこい油汚れは、超電水と耐水ペーパーのWパワーで簡単オフ！ ……… 188
- 天井の汚れはパルプ製クロス、モップ、セスキ炭酸ソーダでお掃除を！ ……… 190
- 汚れがちな蛇口やシンクの水アカは、重曹とゴム手袋でピカピカに!! ……… 192
- 排水溝のガンコな汚れは重曹、酢、ブラシで簡単に！ ……… 194
- シンクのぬめりはアルミホイルを丸めて入れるだけ！ ……… 196
- ……… 197

「水周り(洗濯)」はとにかく湿気の除去対策

【スペシャル得ワザ】家事代行サービス「CaSy」・瀬戸島実千代さんに聞く！ ………198

- ついあきらめがちなバス用品のカビは、主婦に流行りのオキシ漬け＋気泡緩衝材で一網打尽に！ ………200
- タイルやカランなどのしつこい汚れは、手作り万能洗剤とゴム手袋でこすって、ピカピカに！ ………202
- 洗面台の汚れは、雑巾の持ち方、指の圧力、力の入れ方がポイント！ ………204
- 乾燥機は、乾いたバスタオルを入れれば、時短できる！ ………205
- 乾きにくい部屋干しの救世主は、シワシワにした新聞紙！ ………206
- 落ちにくい赤ワインのシミは、焼酎でトントンたたけばOK！ ………208

「寝室」は整理しきれない衣類や布団でホコリとダニがいっぱい！

【スペシャル得ワザ】家事代行サービス「CaSy」・瀬戸島実千代さんに聞く！ ………210

- 時短、簡単、3分でできる掛け布団カバーの簡単なかけ方！ ………212
- 湿気がたまりがちな布団や枕は、アイロンのスチームを使って除菌できる！ ………214

※今回掲載しているレシピの材料(食材・分量)や調理工程は、番組放送時の情報をもとに作成していますが、その後の変更などで多少異なる場合がございますのでご了承ください。

家事と言えばやっぱり気になる？！
料理の得ワザ

食材を無駄に
したくない人に
ピッタリ！

食材別レシピ

食材は安いときにまとめて購入したい。でも、料理のレパートリーはだいたい決まってしまいがち。そこで、テーマ食材を30分間で何品にも変化させるウル得マンをはじめ、卵のタマミちゃんやオールマイティな家事えもんが提案する得ワザ満載レシピが役立ちます！

「野菜」の旬も取り入れられる……………………………… 30〜45p
「肉」三昧でガッツリいきたい人に………………………… 46〜67p
「魚」の下処理もおまかせ…………………………………… 68〜83p
「卵」の基本料理も格上げできる…………………………… 84〜91p
「麺」料理のバリエーションが確実に増える……………… 92〜100p

ウル得マン30分クッキング

1袋4玉使い切り!「新玉ねぎ」早得ワザで7変化!

「野菜」の旬も取り入れられる

- 1品目 オニオンスライスサラダ
- 2品目 玉ねぎのしょうゆチーズ焼き
- 3品目 オニオンフライ
- 4品目 玉ねぎと桜エビのかき揚げ
- 5品目 キーマカレー&ハヤシライス風の2色丼
- 6品目 玉ねぎのオイスターかた焼きそば
- 7品目 オニオングラタンスープ

旬の食材をテーマに、得ワザを駆使して30分で何品作れるかに挑戦する「ウル得マン30分クッキング」。「お手頃な旬の食材をまとめ買いしたけれど、いつも同じメニューばかり」といったありがちなお悩みにも、1食材を派生させるウル得マンレシピが役立ちます!

×4

「新玉ねぎ」の知っ得ワザ

「基本」時短テクニック

その❶ 玉ねぎの辛みを簡単に早くとる「さらし玉ねぎ」時短ワザ

▶辛み成分は水に漬けるより、「塩」をかけ、ふきんで包んでこすりながら水で流す方が早く辛みが抜ける。※レシピでは、新玉ねぎ3/4個分を使用

その❷ 「あめ色玉ねぎ」の時短ワザ

▶炒める際に「塩」を加えると、脱水作用で玉ねぎから余計な水分が出やすくなり、早く火が通るためあめ色になりやすい。特に、新玉ねぎは通常の玉ねぎよりも水分が多いので、効果的! ※レシピでは、新玉ねぎ2・1/4個分を使用 あめ色になるまでの炒め時間は約20分

30

1袋4玉使い切り!「新玉ねぎ」早得ワザで⑦変化!

1品目 オニオンスライスサラダ

材料(2人分)

さらし玉ねぎ	1/4個分
サラダ油	大さじ1/2
しょうゆ	大さじ1/2
かつお節	適量

作り方

① 薄くスライスし、知っ得ワザで辛みを取ったさらし玉ねぎを器に盛り、サラダ油、しょうゆをかける。
② かつお節をのせる。

POINT!
サラダ油としょうゆを合わせることで、まろやかな口当たりになる。

2品目 玉ねぎのしょうゆチーズ焼き

材料(2人分)

玉ねぎ	1/2個(上の部分を使用)
しょうゆ	大さじ1
とろけるチーズ	30g
卵	1個
ベーコン	1枚(2〜3cm幅に切る)
プチトマト	2個

作り方

① 玉ねぎを横に半分に切る。
② ①を耐熱ボウルに入れ、しょうゆをかけてラップをし500Wの電子レンジで3分加熱する。
③ ②の玉ねぎを4等分に切り、耐熱皿(グラタン皿)に入れ、ベーコン、プチトマト、チーズをのせ、卵を割り入れ、オーブントースターで5〜6分焼く。

POINT!
加熱で甘みが増え、しょうゆを入れたことで香ばしさをプラス!

「野菜」の旬も取り入れられる

3品目 オニオンフライ

材料(2人分)

玉ねぎ	1/2個（下の部分を使用）
小麦粉	80g
炭酸水	120ml
しょうゆ	大さじ1/2
揚げ油	適量
※「かき揚げ」「かた焼きそば」にも使用	
マヨネーズ	大さじ2
ケチャップ	大さじ2
しょうゆ	小さじ1
はちみつ	大さじ3
黒ごま	少々
きな粉	小さじ1

作り方

❶ 玉ねぎを横に半分に切り、断面を放射線状に、底を切り離さないように切り込みを入れる。

❷ 小麦粉、炭酸水、しょうゆを軽く混ぜる。

❸ 玉ねぎに、薄く小麦粉(分量外)をまぶし、❷をつける。

❹ 170度に熱した揚げ油で5〜6分揚げる。

❺ マヨネーズ、ケチャップを混ぜたソースと、しょうゆ、はちみつ、黒ごま、きな粉を混ぜたソース2種類を作り、❹に添える。

POINT!
衣に炭酸水を入れると泡立つような状態になり、揚げた時にもサクッと仕上がる。

※4品目の「玉ねぎと桜エビのかき揚げ」にも使用

POINT!
玉ねぎは加熱することで甘みが増す。

1袋4玉使い切り!「新玉ねぎ」早得ワザで⑦変化!

4品目 玉ねぎと桜エビのかき揚げ

材料(1人分)

さらし玉ねぎ……………1/2個分
桜エビ……………………1/2カップ
三つ葉………………………1/3束
小麦粉…………………………適量
オニオンフライの
衣の残り………………大さじ3〜4

作り方

❶ ボウルに知っ得ワザで辛みを取ったさらし玉ねぎ、桜エビ、3cm幅に切った三つ葉を混ぜ、小麦粉をまぶす。

❷ ①に3品目の「オニオンフライ」の衣の残りを加え、軽く混ぜ、170度に熱した揚げ油で揚げる。

ウル得マンPOINT!
菜箸でつつきながら揚げると、かき揚げがきれいに広がり、早くカリッと仕上がる。さらに衣の炭酸水の相乗効果でサクサクに!

5品目 キーマカレー&ハヤシライス風の2色丼

材料(1人分)

あめ色玉ねぎ……炒めた3/4量
豚ひき肉……………………200g
乾燥パセリ……………………少々
ごはん…………………………適量
〈キーマカレー〉
 にんにく(チューブ入り)…大さじ1/2
 しょうが(チューブ入り)…大さじ1/2
 カレー粉………………大さじ1
 トマトケチャップ………大さじ1
 ウスターソース…………大さじ1
 コンソメ(顆粒)………小さじ1/2
 塩………………………………少々
〈ハヤシライス風〉
 トマトケチャップ………大さじ3
 ウスターソース………大さじ1/2
 コンソメ(顆粒)………小さじ1/2

作り方

❶ あめ色玉ねぎと豚ひき肉を炒める。

❷ ①の1/2量を取り分け、にんにく、しょうが、カレー粉を加え炒める。(半量は「かた焼きそば」に使用)

❸ ②にトマトケチャップ、ウスターソース、コンソメ、塩を加える。

❹ ①の残りにトマトケチャップ、ウスターソース、コンソメを加えて、混ぜながら全体をからめて味つけする。

❺ お皿の真ん中にごはんを盛り、両サイドに③と④をかけ、乾燥パセリを振る。

「野菜」の旬も取り入れられる

6品目 玉ねぎのオイスターかた焼きそば

材料（1人分）

あめ色玉ねぎ	炒めた1/4量
豚ひき肉	70g

※この分量は5品目の「キーマカレー」に含まれます

焼きそば麺	1玉
青ねぎ	2本（3〜4cm幅切り）
揚げ油 ※オニオンフライ・かき揚げの残り	適量
にんにく（チューブ入り）	小さじ1
しょうが（チューブ入り）	小さじ1
鶏ガラスープの素	小さじ2
オイスターソース	大さじ1
水	150ml
塩	少々
片栗粉	大さじ1
水	大さじ2（水溶き片栗粉用）
ごま油	小さじ1

作り方

1. 焼きそば麺を600Wのレンジで1分30秒加熱する。
2. ①を170度に熱した揚げ油で5〜6分揚げる。
3. カレーのプロセス②までに、にんにく、しょうがを加えさらに炒める。
4. 水、鶏ガラスープ、オイスターソース、青ねぎを入れ、塩で味を調え、水溶き片栗粉でとろみをつける。
5. 仕上げにごま油をかける。
6. 皿に盛った②の上に⑤をかける。

7品目 オニオングラタンスープ

材料（2人分）

あめ色玉ねぎ	炒めた1/4量
コンソメ（顆粒）	小さじ1
ベーコン	1枚
しょうゆ	小さじ1/3
とろけるチーズ	大さじ2
薄切りバゲット	2枚
水	200ml
乾燥パセリ	少々
塩	少々

作り方

1. 鍋に、あめ色玉ねぎ、水、コンソメ、2〜3cm幅に切ったベーコン、しょうゆ、塩、とろけるチーズ（大さじ1）を入れ、1〜2分煮る。
2. ①を耐熱皿に注ぎ、薄切りバゲット、とろけるチーズ（大さじ1）をのせ、オーブントースターで3〜4分焼く。
3. 乾燥パセリをちらす。

得ワザ 時短

下処理が面倒な「にんにくの皮」は、むく前にレンチンをするだけで気持ち良くツルンとむける!

1

にんにくの根元の部分を、5ミリほど切り落とす。

2

切った根元を下にして、お皿にセットし、そのまま600Wの電子レンジで40秒チン!

3

上部を持ち<mark>そのまま押し出すだけ</mark>!

一片だけ必要な場合は、一片をお皿にのせて600Wのレンジで10秒チン! 根の方を下にして押し出せば、ツルンとむける。

POINT!
にんにくをレンチンすると、身の水分が蒸発し、周りの硬い皮が押し広げられ、身と皮の間にすきまができるためむきやすくなる!

「野菜」の旬も取り入れられる

ウル得マン 30分 クッキング

あれこれ使える!「春キャベツ」2玉を早得ワザで9変化!

- [1品目] 春キャベツのカレー炒め
- [2品目] 春キャベツのバーニャカウダ
- [3品目] 春キャベツの炒めマリネ
- [4品目] 春キャベツの春巻き風
- [5品目] 春キャベツと納豆のオムレツ
- [6品目] 春キャベツのお好み焼き
- [7品目] 春キャベツの塩昆布和え
- [8品目] 春キャベツの和風アクアパッツァ
- [9品目] アクアパッツァ シメのラーメン

×2

「いつも同じようなメニュー」「メイン料理になりにくい」などの声にお応えし、春キャベツが主役の大皿料理に大変身! また、他の「春の食材」も得ワザを駆使して盛り込んでいるので、旬の味をまとめて楽しめます!

[1品目] 春キャベツのカレー炒め

材料（4人分）

春キャベツ	2〜3枚
フライドポテト	20本
ウインナー	10本
サラダ油	大さじ1
Ⓐ カレー粉	大さじ1/2
ケチャップ	大さじ4
めんつゆ	大さじ1

作り方

① 春キャベツはザク切りにする。

② フライパンにサラダ油を熱し、春キャベツ、フライドポテト、ウインナーを炒め、Ⓐを入れからませる。

36

あれこれ使える!「春キャベツ」2玉を早得ワザで9変化!

2品目 春キャベツのバーニャカウダ

材料(4人分)

春キャベツ	1/4個
アスパラ	1/2束
菜の花	1/4束
たけのこ(水煮)	1/2本
Ⓐ オリーブオイル	大さじ2
アンチョビチューブ	大さじ1
にんにく(チューブ入り)	小さじ1
生クリーム	100ml
牛乳	50ml

作り方

❶ 春キャベツは4等分にくし型に切り、アスパラは4〜5cmの長さに手で折る。菜の花は根を落とし、たけのこは縦に3〜4mmの厚さに切る。

❷ トースターの天板にアルミホイルを敷き、❶の食材を並べ、900Wのオーブントースターでこんがり軽く焼き色がつく程度に焼き、お皿に盛りつける。

❸ 小鍋にⒶを入れて軽く1〜2分煮てソースを作り、器に入れて❷に添える。

ウル得マンPOINT!
アスパラのスジの硬いところは竹のスジのように等間隔に並んでいる。包丁で切った際に硬いところが残ると食感が悪く感じるが、指でアスパラを曲げると自然にスジの部分がポキッと折れ、スジが切断されその食感が気にならなくなる。

ウル得マンPOINT!
たけのこの水煮はフニャフニャなイメージも。旬の時期に出回っているものは、採れたてで加工されシャキシャキの歯ごたえを楽しめるものも多いので賢く利用を。

3品目 春キャベツの炒めマリネ

材料(4人分)

春キャベツ(ザク切り)	3枚分
アスパラ	1/2束
菜の花	1/4束
桜エビ	大さじ2
オリーブオイル	大さじ3
レモン汁	大さじ1/2
塩	少々

作り方

❶ フライパンにオリーブオイルを軽く熱し、春キャベツ、アスパラ、菜の花をさっと炒め、レモン汁と塩を加えからめる。

❷ 最後に桜エビを入れ軽く炒める。

「野菜」の旬も取り入れられる

4品目 春キャベツの春巻き風

作り方
① 春キャベツの大葉は芯を取り耐熱容器に入れて600Wの電子レンジで2分30秒程度加熱する。
② たけのこ、豚肉は細切りする。
③ フライパンにサラダ油を熱し、せん切りキャベツ、たけのこ、豚肉を炒め、Ⓐで味をつけ、Ⓑの水溶き片栗粉でとろみをつける。
④ ①を1枚広げ、③を1/2量のせ、棒状に巻く。同じようにもう1枚も巻く。
⑤ 天板にアルミホイルを敷いて④を並べ900Wのオーブントースターで約5～6分こんがりと焼く。食べやすく切って盛りつける。

材料(4人分)
春キャベツ（大葉）	2枚
たけのこ	1/2本
豚肉	100g
春キャベツ（せん切り）	1/2枚分
サラダ油	大さじ1/2
Ⓐ オイスターソース	大さじ1
塩	少々
うまみ調味料	少々
水	100ml
Ⓑ 片栗粉	大さじ1/2
水	大さじ1

5品目 春キャベツと納豆のオムレツ

材料(4人分)
春キャベツ（せん切り）	1/2枚分
納豆	1個
卵	3個
めんつゆ	大さじ1
サラダ油	大さじ1
プチトマト	2個

作り方
① ボウルに春キャベツ、納豆、卵、めんつゆを入れ混ぜる。
② フライパンにサラダ油を熱し①を流し入れて焼き、形を整えお皿に盛りつける。最後に彩りでプチトマトを添える。

6品目 春キャベツのお好み焼き

材料（4人分）

春キャベツ（せん切り）	1枚分
アスパラ	2本
卵	2個
塩	少々
サラダ油	大さじ1
マヨネーズ	適量
お好みソース	適量

作り方

① フライパンにサラダ油（大さじ1/2）を熱し、春キャベツ、乱切りしたアスパラを炒め、塩、お好みソース（大さじ1）で味つけし、器に盛りつけておく。

② フライパンにサラダ油（大さじ1/2）を熱し、溶いた卵を入れ、半熟状に焼き、①にのせる。マヨネーズ、ソースを網がけする。

7品目 春キャベツの塩昆布和え

材料（4人分）

春キャベツ（ザク切り）	1枚分
塩昆布（せん切り）	10g
うまみ調味料	少々
塩	少々
レモン汁	大さじ1/2
ごま油	大さじ1

作り方

① 材料、調味料をすべて混ぜて、器に盛りつける。

「野菜」の旬も取り入れられる

8品目 春キャベツの和風アクアパッツァ

材料（4人分）

春キャベツ	5枚
アサリ（砂抜き済み）	12個
金目鯛	1尾
アスパラ	3本
菜の花	1/2束
プチトマト	5個
オリーブオイル	大さじ2
にんにく（チューブ入り）	小さじ1
水	600ml
酒	200ml
塩	小さじ1/3

作り方

① 春キャベツはザク切りにし、アサリは洗って水気をきる。

② 金目鯛はうろこと内臓を取って頭を落とし、頭は半分に割り、身は二枚卸にし、切り身にする。

③ 土鍋にオリーブオイルとにんにくを入れ弱火にかけ、香りが出たら4〜5cmの長さに切ったアスパラ、菜の花、プチトマトと②を加え、水、酒、塩を入れて強火にかける。沸騰したら中火の弱の火加減にし、フタをして約15分煮る。

④ 野菜がくたくたになったらアサリを入れ、硬くならない程度に軽く火を通し完成。

ウル得マンPOINT!

アサリの砂抜きは、50度のお湯に浸けアサリ同士をこすり合わせ15分放置するだけ！お湯の熱とこすり合わせた際のショックを利用した時短得ワザ。

ウル得マンPOINT!

骨は取らずそのまま鍋に入れることで、おいしいだしが取れる。タラなどの白身魚でも十分おいしく代用可能！

9品目 アクアパッツァ シメのラーメン

材料（4人分）

アクアパッツァの汁	400ml
Ⓐ 中華ゆで麺	2玉
バター	10g
粗びき黒こしょう	少々

作り方

① アクアパッツァの汁にⒶをすべて入れ3分ほど煮立たせる。

得ワザ

「レタス」は冷蔵庫に入れる前に、つまようじ3本を使えば1週間たってもシャキシャキのまま！

1

つまようじを芯の部分に間隔をあけて **3本ほど刺す**。

POINT!
芯には細胞分裂をして育とうとする生長点があり、収穫した後も、その生長点が活動を続けることで劣化が進む。つまようじを刺すと生長点に作用し、劣化が止まりシャキシャキが長続きする。

得ワザをしない場合とした場合の1週間後の比較。

得ワザなし

得ワザあり

白菜やキャベツなどにも応用できるが、生長点が奥にあるため、竹串などでより深く刺すようにするのがオススメ。

キャベツ

白菜

「野菜」の旬も取り入れられる

ウル得マン 30分 クッキング

葉と皮も使って無駄ナシ！
「だいこん」2本を早得ワザで6変化！

×2

- 1品目 だいこんの皮ごときんぴら
- 2品目 ブリだいこん
- 3品目 だいこんのみぞれ鍋
- 4品目 だいこんのピクルス
- 5品目 だいこんのタコライス
- 6品目 だいこんモチ

「味をしみ込ませるのに時間がかかる」「煮込み過ぎたらボロボロに」など調理が難しいイメージのだいこんですが、簡単得ワザで家庭の定番料理に！

「だいこん」の知っ得ワザ

「基本」時短テクニック

その1 「面倒なだいこんの面取り」時短ワザ

▶1cm幅の半月切りにしただいこんを金属のザルに入れ、ザルまたはボウルでフタをし、円を描くようにザルを回す。水平に小さく激しく回すのがポイント！

その2 「だいこんに味をしみ込ませる」時短ワザ

▶耐熱ボウルにだいこんが隠れる程度の水と生米、顆粒だしを入れ、ラップをし電子レンジで加熱すると米に含まれるでんぷんの効果で、味が早くしみ込む。通常より半分以下の時間でできるため煮崩れも防止できる！　※分量など詳細は43pの「ブリだいこん」を参照

さらに知っ得！
お助け「ウル得ダレ」

▶しょうゆ2：みりん2：砂糖1の割合で作る特製黄金比の和風ダレ。このタレからさまざまな料理に派生させることができる。

材料
しょうゆ…200ml　みりん…200ml　砂糖…60g

作り方
①しょうゆ、みりん、砂糖を鍋に入れ、煮立たせる。
②煮立ったら、粗熱を取る。

42

葉と皮も使って無駄ナシ！「だいこん」2本を早得ワザで⑥変化！

1品目 だいこんの皮ごときんぴら

材料（1人分）

だいこん	10cm分
だいこんの皮	10cm分
ウル得ダレ	大さじ2
サラダ油	大さじ1
赤唐辛子	1/2本
ごま油	大さじ1/2
白ごま	適量

作り方

① だいこんは1cm幅に輪切りにした後短冊切りにする。だいこんの皮も短冊切りにする。

② フライパンにサラダ油を熱し、①を炒め、さらに赤唐辛子、ウル得ダレを加え炒める。

③ 器に盛りつけ、ごま油を回しかけ、彩りで白ごまを振りかける。

2品目 ブリだいこん

材料（1人分）

だいこん	5cm
ブリ	2切れ
ウル得ダレ	60ml
生米	小さじ1
顆粒だし（和だし）	小さじ1
サラダ油	大さじ1/2
しょうが	薄切り2〜3枚
きぬさや	適量

作り方

① だいこんは、p42「知っ得ワザ（その1）」で面取りする。

② 耐熱ボウルに①のだいこんが隠れる程度の水、生米、顆粒だしを入れ、ラップをして600wの電子レンジで6分加熱する。（p42「知っ得ワザ（その2）」）
加熱後、きぬさやをボウルに入れ、余熱で2分火を入れる。

③ サラダ油を熱したフライパンに、3〜4等分（ひと口大）に切り分けたブリを入れ軽く炒め、ウル得ダレ、しょうが、だいこんを加え煮る。

ウル得マンPOINT！
先に中に和風だしをしみ込ませ、外側に濃い味のウル得ダレを加える2段階の味つけで長時間煮込んだように。他の煮ものや肉じゃがでも使える万能ワザ！

「野菜」の旬も取り入れられる

3品目 だいこんのみぞれ鍋

材料（1～2人分）

〈鍋の具材〉

だいこんおろし	3/4本分
鶏もも肉	1/2枚
水菜	1/2把
長ねぎ	1/2本
顆粒だし(和だし)	小さじ1
水	600ml

〈ポン酢〉

ゆずの絞り汁	大さじ2
ウル得ダレ	大さじ2
鍋の汁	大さじ2

作り方

① 鍋に顆粒だしと水を入れ沸騰させ、ひと口大に切った鶏もも肉を入れる。

② 鶏肉に火が入ったら、4～5cmに切った水菜、斜め切りにした長ねぎ、水気をきっただいこんおろしを加える。

③ ゆずの絞り汁、ウル得ダレ、鍋の汁(1:1:1の割合)をボウルに入れ、混ぜポン酢を作る。

4品目 だいこんのピクルス

材料（1人分）

だいこん	1/4本
だいこんの葉	5cm分
塩	小さじ1/2
砂糖	大さじ1
酢	大さじ3
水	大さじ2

作り方

① だいこんをせん切りにし、塩でもむ。

② ①をポリ袋に入れ、さらに細かく刻んだだいこんの葉も入れる。

③ 砂糖、酢、水を合わせ、さらにもむ。

POINT!
先にだいこんを塩でもみ、中の水分を抜くことでその分、酢などの味がだいこんにしみ込みやすくなり、時短にも役立つ！

POINT!
栄養価の高い葉も無駄なく使え節約にも！

葉と皮も使って無駄ナシ！「だいこん」2本を早得ワザで⑥変化！

5品目 だいこんのタコライス

材料(1人分)

だいこんのピクルス	適量
合びき肉	100g
レタス	2枚
トマト	1個
ケチャップ	大さじ2
タバスコ	適量
ウル得ダレ	大さじ1
にんにく(チューブ入り)	小さじ1
サラダ油	大さじ1/2
ごはん	お茶碗1杯分
とろけるチーズ	適量

作り方

❶ フライパンにサラダ油をひき、合びき肉、ケチャップ、タバスコ、ウル得ダレ、にんにくを入れ炒める。

❷ ごはんをお皿に盛り、とろけるチーズをちらす。

❸ ②の上に細かく刻んだ「だいこんのピクルス」、せん切りしたレタス、ひと口大に切ったトマトの順にのせる。

❹ ③の上に①をのせる。

POINT!
4品目に作った「だいこんのピクルス」を派生させた便利な時短ワザ！

6品目 だいこんモチ

材料(1人分)

だいこんおろし	1/2カップ
ウル得ダレ	大さじ2
片栗粉	大さじ2
砂糖	大さじ1
サラダ油	小さじ1
アイス	適量
イチゴ	適量

作り方

❶ だいこんおろしの水分を絞り、片栗粉を混ぜる。

❷ ①を丸く成型し、フライパンにサラダ油を熱し、焼き目がつくまで焼く。

❸ ウル得ダレ、砂糖を加えからませ、アイスとイチゴを添えて盛りつける。

鶏の「むね肉」5枚と「ささみ」21本の合わせ早得ワザで **5** 変化!

×5　　×21

- 1品目 ウル得パウダー 和風から揚げ
- 2品目 新感覚!和風まぜそば
- 3品目 チキンライス
- 4品目 ささみチーズめんたい
- 5品目 ピカタ

いずれも加熱すると硬くパサパサになりがちな食材ですが、得ワザでジューシーに。値段も安いので主婦(夫)の味方になってくれます!

「鶏むね肉」の知っ得ワザ

「基本」時短テクニック

「火を通りやすくする」時短ワザ

▶ 分厚いむね肉はそのままだと火が通りにくいため観音開きにして薄く均一に1枚にする。

さらに知っ得!「柔らかジューシーにする」下処理のコツ

 その❶  むね肉5枚に対し酒(大さじ3)とコンソメ顆粒(大さじ1)でよくもみ込むと、酒が肉の中の水分を閉じ込め火を通しても硬くならずジューシーに。コンソメで下味もつくためフライなど高温の火を使う際にも効果的!

 その❷  臭み取りのしょうが(1/3)、長ねぎ(1/3)とその❶のむね肉を低めの温度のお湯でゆでると、身が硬くなりづらくなる。

鶏の「むね肉」5枚と「ささみ」21本の合わせ早得ワザで5変化！

1品目 ウル得パウダー 和風から揚げ

材料 ※大皿用のレシピです

ゆでた鶏むね肉	3枚
昆布茶	適量
山椒	小さじ2
しょうゆ	大さじ3
卵	1個
片栗粉	100g
サラダ油	適量
ベビーリーフ	適量

作り方

1. 知っ得ワザでゆでたむね肉を、ひと口大の大きさに切る。
2. むね肉にしょうゆ、卵を混ぜ込み、さらに昆布茶、山椒を混ぜ込む。
3. 片栗粉を混ぜ込んで170度のサラダ油でこんがりと揚げ、ベビーリーフと共にお皿に盛りつける。

POINT! 時短&肉が硬くなりにくい！

ウル得マンPOINT! 「ウル得パウダー」のたんぱくな鶏肉のうま味がアップ！

POINT! 表面がサクサクで軽い食感に。

2品目 新感覚！和風まぜそば

材料 ※大皿用のレシピです

ゆでた鶏むね肉	2枚
梅干し	3個
長ねぎ（青い部分、小口切り）	1/3本
大葉	5枚
刻みのり	適量
水洗いだけで食べられる麺（そば）	4玉
サラダ油	適量
昆布茶	適量
鶏むね肉のゆで汁	400ml
塩	ひとつまみ

作り方

1. ゆでたむね肉の粗熱が取れたら1cm幅程度に切る。
2. 大葉はせん切り、梅干しは種を取ってたたく。
3. 麺を水でほぐしてザルに上げて水気をきりボウルに移し、サラダ油、昆布茶を麺に混ぜ下味をつけ器に盛りつける。
4. ③の上に①②と刻みのり、長ねぎを盛りつける。
5. むね肉のゆで汁に塩を混ぜ、かけ汁を作る。

ウル得マンPOINT! 昆布茶で麺のうま味がアップするのでめんつゆを用意する必要ナシ！市販のザルそばなどにも使える。

POINT! ゆで汁がだし代わりにも！

47

「肉」三昧で ガッツリいきたい人に

「鶏ささみ」の知っ得ワザ

「スジを簡単に取る」時短テクニック
▶ キッチンペーパーでスジをつかみ、フォークの間にスジを入れて取り除く。以前は割り箸で紹介した得ワザだが、フォークの方がスジを固定し取りやすい。

さらに知っ得！「柔らかジューシーにする」下処理のコツ

その①　はちみつでよくもみ込む。
肉の硬さの原因となる筋繊維のたんぱく質に、はちみつの「プロテアーゼ」と呼ばれるたんぱく質分解酵素が働くため肉を柔らかくしてくれる。
※フライなど高温で使うとはちみつが焦げてしまうので注意！

その②　麺棒などでたたくと、筋繊維が潰れてより柔らかくなる。

3品目 チキンライス

材料※大皿用のレシピです
下処理した鶏ささみ	7本
玉ねぎ	1/2個
ピーマン	2個
ごはん	3合分の炊き上がり
ケチャップ	大さじ6
塩・こしょう	適量
サラダ油	大さじ2

作り方
❶ ささみはひと口大に切り、玉ねぎ、ピーマンを粗みじん切りする。

❷ フライパンにサラダ油を熱し、①を入れて炒め、塩・こしょう、ケチャップを加えてさらに炒める。

❸ ごはんをボウルに移し、②を入れて混ぜてから皿に盛りつける。

POINT! 具材とケチャップを先に炒めることでまろやかな味に。

POINT! ごはんを炒めるとベチャベチャになりやすいため、この方法であれば失敗ナシ！

POINT! 牛乳を入れて卵を焼くと固まりにくくなりフワフワがキープできる。

プラスの得ワザ！「オムライス」

材料
卵…8個　牛乳…大さじ4　塩・こしょう…各少々　バター…大さじ2

作り方
❶ ボウルに卵を割りほぐし、塩・こしょう、牛乳を入れて混ぜる。

❷ バターを熱したフライパンに①を流し入れ、大きく混ぜて半熟に焼き、3品目の「チキンライス」の手順③の上にのせる。

4品目 ささみチーズめんたい

材料 ※大皿用のレシピです

下処理した鶏ささみ	7本
とろけるチーズ	大さじ3
明太子	2腹
大葉	10枚
サラダ油	大さじ1

作り方

1. フライパンにサラダ油を薄くひき、下処理したささみを入れ、両面をこんがりと焼く。
2. ①の上に、とろけるチーズをちらす。
3. フタをして弱火にして蒸し焼きにし、薄皮を取った明太子を盛りつける。
4. せん切りした大葉をちらす。

5品目 ピカタ

材料 ※大皿用のレシピです

下処理した鶏ささみ	7本
ベーコン	3枚
小麦粉	大さじ3
卵	2個
粉チーズ	大さじ3
乾燥パセリ	適量
ベビーリーフ	適量
サラダ油	適量

作り方

1. 下処理したささみをラップの上にのせ、その上にさらにベーコンをのせ、ささみを折り重ねてベーコンを挟んだ状態にしてから綿棒でたたく。
2. ①を3等分に切り、小麦粉を表面にまぶす。
3. 卵をボウルに割り入れ、粉チーズ、乾燥パセリを混ぜ、②をくぐらせる。
4. フライパンにサラダ油を熱し、③を入れて両面をこんがりと焼く。
5. 焼き上がりを皿に盛りつけ、ベビーリーフを添える。

「肉」三昧で
ガッツリいきたい人に

ウル得マン 30分 クッキング

「鶏もも肉」4キロ16枚を早得ワザで5変化!

×16

- 1品目 チキントマト煮
- 2品目 チキンピザ
- 3品目 Wスープの鶏茶漬け
- 4品目 チキンチリソース
- 5品目 チキンマヨネーズ和え

火が通りにくい鶏肉は、蒸し煮やからあげなどあらかじめ加熱調理したものを派生させると、短時間でも手の込んだレシピに早変わりしてくれます!

「鶏もも肉」の知っ得ワザ

「基本」美味テクニック

すべてのもも肉は酒(150ml)をかけてよくもみ込む。

▶ 臭み消し+肉を柔らかくする+ジューシーにする効果あり!

さらに知っ得! その❶ 「レンジで蒸し煮」でうまワザ&時短テク

① 「基本」の処理をしたもも肉(6枚)と酒(100ml)を耐熱ボウルに入れ、ラップをし600Wの電子レンジで約5分加熱する。

▶ 鶏肉は分厚く、火の通りが遅いため鍋でゆでてしまいがちだが、水にうま味が逃げ出してしまう。蒸し煮ならうま味を逃さず、イチからゆでるよりも火の通りが早い!

※派生レシピ→2枚分は「チキンのトマト煮」

② 残りのもも肉(4枚)は、さらに600Wの電子レンジで再び3分加熱する。

※派生レシピ→2枚分は「チキンピザ」、2枚分は「Wスープの鶏茶漬け」

「鶏もも肉」4キロ16枚を早得ワザで⑤変化!

1品目 チキントマト煮

材料 ※大皿用のレシピです

レンジで蒸し煮①の鶏もも肉	2枚
にんにく(チューブ入り)	小さじ1
オリーブオイル	大さじ1
めんつゆ	大さじ3
トマト水煮	400g(1缶)
水	100ml

作り方

❶ レンジで一度蒸し煮したもも肉をひと口大に切る。

❷ にんにく、オリーブオイルを鍋に入れ香りが出るまで炒める。

❸ めんつゆ、トマト水煮、水を入れて煮立たせ、もも肉を入れて煮込む。

POINT!
本来、だしやコンソメ、塩などで味を調えるが、めんつゆですべてを補える。

POINT!
トマトはめんつゆと同じグルタミン酸が含まれているため相性が良い。

2品目 チキンピザ

材料 ※大皿用のレシピです

レンジで蒸し煮②の鶏もも肉	2枚
サラダ油	大さじ2
ケチャップ	大さじ3
玉ねぎ	1/4個
ピーマン	1/2個
とろけるチーズ	約50g

作り方

❶ レンジで蒸し煮したもも肉を厚みが均等になるように開き、サラダ油をひいたフライパンに肉の皮目を下にしてこんがりと焼く。

❷ 裏返して焼き、両面共に焼き色がついたら天板に移し、ケチャップを塗り、スライスした玉ねぎ、ピーマン、とろけるチーズをちらす。

❸ オーブントースターでチーズが溶けるまで5〜6分焼けば完成!

POINT!
より火が通りやすいように均等に開く。

POINT!
皮目をこんがりと焼いてカリカリした食感にするのがコツ。

「肉」三昧で
ガッツリいきたい人に

3品目 Wスープの鶏茶漬け

材料（2人分）

レンジ蒸し煮②の鶏もも肉	2枚
Ⓐ 鶏の煮汁	150ml
水	300ml
和風だし	小さじ1
塩	少々
ごはん	お茶碗2杯分
刻みのり	適量

作り方

① 電子レンジで蒸し煮したもも肉を細切りにする。
② ごはんを茶碗に盛りつけ、刻みのりをちらす。
③ Ⓐを合わせて別添えにし、食べる前にかける。

ウル得マンPOINT!
もも肉の煮汁と和風だしで、肉汁と魚介のWスープになりうま味がアップ！

さらに知っ得！その❷「から揚げ」でうまワザ＆時短テク

① 「基本」の処理をしたもも肉（10枚）を、1枚当たり10〜12等分のひと口大に切る。
② しょうゆ（150ml）、卵（1個）の順にそれぞれもみ込み、サラダ油（大さじ3）でコーティングしてから、片栗粉（2カップ程度）を混ぜる。
③ 170度程度の揚げ油でこんがりと揚げる。

▶下味をつける際にサラダ油をもみ込むことで、鶏肉から出る水分を油が閉じ込めカリッとした衣になる！また、卵のコーティングで片栗粉は少量で済む。

※派生レシピ→3枚分で「チキンライス」、3枚分で「チキンマヨネーズ和え」、残りの4枚分は、そのままから揚げとしてオリジナルの「ディップソース」を添えて。

から揚げ用ディップソース　オマケ

- BBQソース：ケチャップとトンカツソースを1:1で混ぜる。
- ハニーマスタードソース：はちみつとマスタードを1:2で混ぜる。

「鶏もも肉」4キロ16枚を早得ワザで⑤変化!

4品目 チキンチリソース

材料 ※大皿用のレシピです

から揚げ	3枚分
にんにく(チューブ入り)	大さじ1
しょうが(チューブ入り)	大さじ1
サラダ油	大さじ1
長ねぎ	2本分
Ⓐ 豆板醤	大さじ1/2
ケチャップ	大さじ4
砂糖	小さじ2
鶏ガラスープの素	大さじ1/2
酢	大さじ1/2
水	100ml
塩	少々(小さじ1/2)

作り方

❶ サラダ油でにんにく、しょうがを炒める。

❷ Ⓐを入れ煮立て、斜め切りにした長ねぎ、から揚げを入れてからめる。

POINT!
にんにく、しょうが、豆板醤など香味のものを先に炒めると香りが立つ。

POINT!
から揚げ自体に片栗粉がついているため、からめただけでとろみが出る。

5品目 チキンマヨネーズ和え

材料 ※大皿用のレシピです

から揚げ	3枚分
なす	1本
きゅうり	1本
パプリカ(黄・赤)	各1/2個
揚げ油	適量
Ⓐ マヨネーズ	大さじ6
練乳	大さじ2
レモン汁	小さじ2

作り方

❶ なす、きゅうり、パプリカをひと口大の乱切りにし、素揚げする。

❷ から揚げ、なす、きゅうり、パプリカをⒶと混ぜる。

POINT!
野菜は素揚げすることで、より甘くなる。

ウル得マンPOINT!
甘みを練乳でつけるのでマヨネーズとも相性が良く味がからみやすい。素材をエビに変え、エビマヨにしても。

53

「肉」三昧で
ガッツリいきたい人に

ウル得マン 30分 クッキング

ステーキ肉からひき肉まで多用な「牛肉」を早得ワザで 8 変化！

[1品目] 韓国風すき焼き
[2品目] 牛しゃぶサラダ～担々風ドレッシング～
[3品目] 牛カツ 2種類のソース添え
[4品目] スタミナ満点！ガーリックステーキ
[5品目] 夏野菜のチーズグラタン
[6品目] ジャージャーうどん
[7品目] 特製そぼろのチリコンカン
[8品目] ビーフシチュー

ステーキ用、薄切り肉、ひき肉など用途に合わせた得ワザで、お高めな牛肉を無駄なく時短調理していきます！

「牛肉」の知っ得ワザ

「基本」美味＆時短テクニック

その❶

牛肉（ステーキ用2枚）は調理前にサラダ油（大さじ3）に漬けておく。
▶臭みが取れて柔らかくなる。
※派生レシピ→1枚は「牛カツ2種類のソース添え」、1枚は「ガーリックステーキ」

その❷

牛肉（ブロック200g、薄切り200g）を炭酸水（約500ml）でゆでる。
▶炭酸水素ナトリウムがタンパク質をほぐし肉を柔らかくしてくれる。さらにゆで汁も無駄なく使える！
※派生レシピ→ブロック肉は「ビーフシチュー」、薄切り肉は「牛しゃぶサラダ」

さらに知っ得！「特製そぼろ」でうまワザ＆時短テク

フライパンにサラダ油（大さじ1）をひき、ひき肉（400g）を炒め、肉の色が変わってきたらウル得ダレ（80ml ※材料と作り方は42ページで紹介）とおろししょうが（大さじ1/2）を加えさらに煮詰めて完成。
※派生レシピ→80gは「牛しゃぶサラダ」、100gは「夏野菜のチーズグラタン」、100gは「ジャージャーうどん」、120gは「特製そぼろのチリコンカン」

ステーキ肉からひき肉まで多用な「牛肉」を早得ワザで 8 変化!

1品目 韓国風すき焼き

材料(4人分)

牛薄切り肉	200g
にんにく	1片
にら	1/3束
にんじん	1/3本
玉ねぎ	1/2個
もやし	1袋
卵	1個
ごま油	大さじ1
ラー油	小さじ1/2
コチュジャン	大さじ1/2
ウル得ダレ	100ml
炭酸水で牛肉をゆでた汁	150ml
粉とうがらし	適量
輪切りとうがらし	適量

作り方

❶ にんにくはあらみじん切り、にらは3〜4cm長さに切り、にんじんはせん切りに、玉ねぎは薄切りにする。

❷ 鉄鍋に、ごま油、ラー油、にんにくを入れて中火にかけ、ウル得ダレ、コチュジャン、炭酸水で牛肉をゆでた汁を加え、牛薄切り肉を入れる。

❸ 玉ねぎ、にんじん、もやし、にらを彩りよく並べ、中火で火を通す。卵を中央に入れ、粉とうがらし、輪切りとうがらしをちらす。

ウル得マンPOINT!
※材料と作り方は42ページに詳しく紹介。

2品目 牛しゃぶサラダ〜担々風ドレッシング〜

材料(4人分)

炭酸水でゆでた牛薄切り肉	200g
レタス	2〜3枚
ベビーリーフ	1袋
カイワレ	1/8パック
プチトマト	4個(赤、黄)
特製そぼろ	80g
ごまドレッシング	大さじ4
ラー油	小さじ1/2

作り方

❶ 炭酸水でゆでた牛肉を水に取り、サッと洗って水気をきる。

❷ 牛肉を器に盛りつけ、ちぎったレタス、ベビーリーフ、カイワレをのせ、プチトマトを添える。

❸ ごまドレッシング、ラー油、特製そぼろを加えて混ぜ、担々風ドレッシングを作り、②にかける。

「肉」三昧で
ガッツリいきたい人に

3品目 牛カツ 2種類のソース添え

材料（1人分）

サラダ油に漬けておいた ステーキ用牛肉	1枚
キャベツ	2枚
プチトマト	1個
レモン	薄切り1枚
小麦粉	適量（目安：大さじ2）
卵	1/2個分
パン粉（細かいものを使用）	適量（目安：大さじ4〜5）
揚げ油	適量
ウル得ダレ	大さじ3
わさび	小さじ1
粒マスタード	小さじ1

作り方

❶ キャベツはせん切りにして、水につけた後水気を取る。

❷ サラダ油に漬けておいた牛肉に、小麦粉、溶き卵、パン粉（手でもんで細かくする）の順につける。

❸ 170度の揚げ油でこんがりと揚げ、食べやすい大きさに切ってお皿に盛り、キャベツなどの添え物を飾る。

❹ ウル得ダレ半量ずつにわさび、粒マスタードを混ぜ、2種類のソースを作り器に入れる。

POINT!
※材料と作り方は42ページに詳しく紹介。

4品目 スタミナ満点！ガーリックステーキ

材料（1人分）

サラダ油に漬けておいた ステーキ用牛肉	1枚
玉ねぎ	1/4個
ウル得ダレ	大さじ2
バター	大さじ1
にんにく（チューブ入り）	小さじ1/2
レモン汁	適量
粗びき黒こしょう	適量
塩	適量
クレソン	適量

作り方

❶ サラダ油に漬けておいた牛肉に塩で下味をつけ、熱したフライパンに入れて両面こんがりと焼く。

❷ アルミホイルに包み、5〜6分おいて中まで熱を通し、食べやすく切り盛りつけ、お好みでクレソンを添える。

❸ ①の肉を焼いた後のフライパンに、すりおろした玉ねぎ、にんにくを入れ、ウル得ダレ、バターを加えて軽く煮立て、レモン汁、粗びき黒こしょうを混ぜたら器に入れ、②に添える。

POINT!
一度休ませることで肉の水分の膨張を防ぎ、切った時に油が吹き出しにくくなる。

56

5品目 夏野菜のチーズグラタン

材料（1人分）

なす	1本
トマト	1個
特製そぼろ	100g
とろけるチーズ	100g
ケチャップ	大さじ1

作り方

① なすは輪切り、トマトは乱切りにする。

② ①の半量を耐熱容器に入れ、特製そぼろ、とろけるチーズ、ケチャップそれぞれ半量を順番に重ねる。残りの材料も同様に重ねる。

③ オーブントースターに入れ、約6～7分こんがりと焼き上げる。

6品目 ジャージャーうどん

材料（1人分）

冷凍うどん	1玉
長ねぎ	1/3本
きゅうり	1/3本
特製そぼろ	100g
テンメンジャン	大さじ2
コチュジャン	大さじ1
炭酸水で牛肉をゆでた汁	大さじ2
しょうが（チューブ入り）	小さじ1

作り方

① 長ねぎは粗みじん切り、きゅうりはイチョウ切りにする。

② フライパンに特製そぼろを入れ、テンメンジャン、コチュジャン、炭酸水で牛肉をゆでた汁を加え炒め、長ねぎ、きゅうりを加えてさらに炒め合わせ、しょうがを加え味を調える。

③ 冷凍うどんを600Wの電子レンジで約1分間加熱してから水に取り、水気をきってから皿に盛りつけ、②をかける。

「肉」三昧でガッツリいきたい人に

7品目 特製そぼろのチリコンカン

材料（2人分）

特製そぼろ	120g
ミックスビーンズ	200g
ケチャップ	大さじ2
ウスターソース	小さじ2
タバスコ	適量
タコスチップス	1/2袋分

作り方

1. フライパンに特製そぼろ、ミックスビーンズを入れ、混ぜながら炒める。
2. ケチャップ、ウスターソース、タバスコを加えて味つけをする。
3. 皿にレタス（分量外）を敷いて盛りつけ、タコスチップスを添える。

8品目 ビーフシチュー

材料（1人分）

炭酸水でゆでた牛肉（ブロックひと口大のもの）	200g
じゃがいも	2個
にんじん	1/2本
シチューの素	1/2箱
ウル得ダレ	大さじ2
生クリーム	大さじ2
乾燥パセリ	少々

作り方

1. 炭酸水でゆでた牛肉の鍋に、乱切りにしたじゃがいも、にんじんを入れ、約20分煮る。
2. 火を消してから、シチューの素とウル得ダレを加える。
3. 器に盛りつけ生クリーム、乾燥パセリを振る。

ウル得マンPOINT!
タレの材料に使われている砂糖が味をまろやかにコクを出してくれる。市販のカレールーにも使える得ワザ！
※材料と作り方は42Pに詳しく紹介。

「鶏もも肉」はカレー粉＋余ったキムチの汁で、スパイシーな本格タンドリーチキンに！

1
鶏もも肉(1枚)の全体を **フォークで刺し**、ひと口大に切る。

2
余ったキムチの汁(大さじ3)とカレー粉(大さじ1/2)を入れてしっかりもみ込み、3時間ほど寝かす。

3
油をひいたフライパンで寝かせた肉を焼いて完成！

POINT!
フォークで刺すことで、短時間で味がしみ込みやすくなる！

POINT!

キムチ汁に漬ける前

キムチ汁に漬けた後

タンドリーチキンを作るのに必要なのが、香辛料の辛さとにんにくの風味！ それを含んでいるのがキムチの汁。さらに、お店で出されるタンドリーチキンの多くは、ヨーグルトに漬け込み作られているが、これは、ヨーグルトに含まれる乳酸菌が肉を柔らかくするため。キムチの汁には乳酸菌も多く含まれているので一石二鳥の得ワザ！

カレー粉の代わりに市販のカレールーを細かく刻んで使ってもOK。
by ステナイおばさん

ウル得マン 30分 クッキング 10人前

お手頃で使い勝手がいい「豚ばら肉」約2キロを早得ワザで5変化！

1品目	豚ばらの酢豚
2品目	豚ばらしょうが焼き
3品目	豚ばらつけ汁そうめん
4品目	豚ばらスタミナ丼
5品目	豚ばらカツサンド

お手頃な豚ばら肉は、固めたり、重ねると食感もボリュームも自由に変化し調理もしやすい。まさに時短にオススメの食材です！

「豚ばら肉」の知っ得ワザ

「基本」美味&時短テクニック

その❶

「下味をつける」
ばら肉（300g）を3㎝程度の幅に切り分け、酒（大さじ2）、しょうゆ（大さじ1）、しょうが（チューブ入り、小さじ1）に漬けておく。
▶下味をつけると同時に臭みを消すことができる！
※派生レシピ→「豚ばらの酢豚」

その❷

「お酒をふり軽く炒めておく」
ばら肉（約1.4キロ）は、あらかじめ酒（大さじ4）をふりかけ軽く炒めておく。
▶いろいろなレシピに派生させやすい。
※派生レシピ→「豚ばらしょうが焼き」「豚ばらつけ汁そうめん」「豚ばらスタミナ丼」

お手頃で使い勝手がいい「豚ばら肉」約2キロを早得ワザで⑤変化！

1品目 豚ばらの酢豚

材料（4～5人分）

下味をつけた豚ばら肉	300g
アスパラガス	8本
パプリカ（赤・黄）	各1個
玉ねぎ	1個
和風ドレッシング	大さじ1.5
ケチャップ	80g
砂糖	大さじ1
中華だしの素	小さじ1/2
片栗粉	適量
揚げ油	適量

作り方

❶ アスパラガスは手で折り、パプリカは種を取って乱切りに、玉ねぎは1cm程度のくし型に切る。

❷ ①の野菜を160度に熱した揚げ油でさっと油通しし取り出す。

❸ 下味をつけた豚ばら肉はひと口大に手で握り、片栗粉をまぶす。

❹ 野菜を取り出した後の揚げ油（170度）で、③の豚ばら肉を約5分こんがりと揚げる。

❺ ④の豚ばら肉と②の野菜をフライパンに入れて炒め合わせ、和風ドレッシング、ケチャップ、砂糖、中華だしの素を入れて全体にからめ、皿に盛りつける。

ウル得マンPOINT!

自然にスジの部分から折れるので、筋の硬い食感が気にならなくなる。
※この得ワザは37ページでも紹介。

ウル得マンPOINT!

酢豚は、普通かたまり肉（またはブロック状の肉）を使うが、薄切り肉を使うことで下味が肉全体にしみ込みやすくなる。

「肉」三昧でガッツリいきたい人に

2品目 豚ばらしょうが焼き

材料（5〜6人分）

酒で軽く炒めた豚ばら肉	500g
玉ねぎ	1個
しょうが（チューブ入り）	大さじ1/2
レモン汁	小さじ1
しょうゆ	100ml
酒	大さじ4
サラダ油	大さじ1
キャベツ（せん切り）	適量
プチトマト	適量

作り方

❶ 玉ねぎをすりおろす。

❷ フライパンにサラダ油を熱し、軽く炒めておいた豚ばら肉を入れ、すりおろした玉ねぎ、しょうが、レモン汁、しょうゆ、酒を加え、さらに炒める。

❸ ②を皿に盛りつけ、せん切りしたキャベツ、プチトマトを添える。

POINT!
豚ばら肉は脂が多いので、レモン汁を使うことでサッパリ仕上がる。

3品目 豚ばらつけ汁そうめん

材料（5〜6人分）

酒で軽く炒めた豚ばら肉	250g
なす	1本
そうめん	800g
※水洗いだけで食べられる麺でも可	
めんつゆ	200ml
水	500ml
ラー油	適量
サラダ油	大さじ2
しょうが（チューブ入り）	適量
揚げ油（なす用）	適量

作り方

❶ なすは、縦半分に切ってから、斜め切りにする。

❷ フライパンに揚げ油を熱し、なすを素揚げする。

❸ めんつゆと水を鍋にかけ、軽く炒めておいた豚ばら肉（3〜4cm幅にカット）、②のなすを入れ、火が通るまで約4〜5分煮てから、しょうが、ラー油を加え、器に入れる。

❹ そうめんは水で洗い流し、ざるに上げて水気をきり器に盛りつける。

お手頃で使い勝手がいい「豚ばら肉」約2キロを早得ワザで⑤変化!

4品目 豚ばらスタミナ丼

材料（7～8人分）

酒で軽く炒めた豚ばら肉	550g
長ねぎ	1本
長いも	約20cm
サラダ油	大さじ1
しょうゆ	大さじ4
酒	大さじ2
みりん	大さじ2
にんにく（チューブ入り）	大さじ1/2
うま味調味料	適量
ごはん	丼1杯分ずつ
卵	1個ずつ人数分

作り方

❶ 長ねぎは4～5mm幅の斜め切りにする。

❷ フライパンにサラダ油を熱し、軽く炒めておいた豚ばら肉、長ねぎを炒める。

❸ しょうゆ、酒、みりん、にんにく、うま味調味料を入れ炒め合わせ、全体に味をからめる。

❹ 丼にごはんを盛り、❸を全体に盛りつけ、その上にすりおろした長いも、卵をのせる。

5品目 豚ばらカツサンド

材料（5～6人分）

豚ばら肉	300g
キャベツ（せん切り）	適量
食パン（8枚切り）	4枚
塩・こしょう	少々
〈ソース〉	
ウスターソース	大さじ4
赤ワイン	大さじ2
ケチャップ	大さじ4
〈バッター液〉	
小麦粉	大さじ2
卵	1個
水	大さじ2
パン粉	適量
揚げ油	適量

作り方

❶ 豚バラ肉に塩・こしょうし、3枚ほど重ねて二つ折りしてからたたいて平たくのばす。

❷ 重ねた豚ばら肉をバッター液につけてからパン粉をまぶし、170度に熱した揚げ油で約5分揚げる。

❸ 別のフライパンにソースの材料を入れて煮立て、揚がったカツを入れ、両面にソースをつける。

❹ せん切りキャベツと❸のカツを食パンで挟み、食べやすく切って盛りつける。

> **POINT!**
> 通常のカツでは肉の中に味がつかないが、3枚重ねているので間に味がしみ込みやすい。

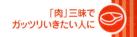

「肉」三昧で
ガッツリいきたい人に

✖ サイゲン大介流格上げレシピ

安い牛ひき肉が名店のような 「肉汁ジュワーなハンバーグ」に!

サイゲン大介

名店

パサつきやうま味が少ない安いお肉でも、生甘酒とグレープフルーツゼリーで成分を変化させるなどサイゲンワザを駆使すれば高級な味に!

材料（1人分）

〈肉だね〉
- 牛ひき肉 ……………………… 150g
- 牛脂（溶かしたもの）……………… 10g
- 生甘酒 ……………………………… 20ml
- 玉ねぎ（すりおろしたもの）………… 10g
- マヨネーズ ……………………… 10g
- 塩・こしょう ……………………… 少々
- わさび（チューブ入り）…………… 2g
- 水（わさびを溶く用）……………… 10ml

- グレープフルーツゼリー（果肉なし）‥ 10g
- サラダ油 ………………………… 小さじ1

〈ソース〉
- 玉ねぎ（すりおろしたもの）……… 30g
- しょうゆ ………………………… 20ml
- しょうが（すりおろしたもの）……… 1g
- 焼肉のタレ（甘口）……………… 25ml
- ウーロン茶 ……………………… 10ml

64

安い牛ひき肉が名店のような「肉汁ジュワーなハンバーグ」に！

作り方

❶ 牛脂を600Wの電子レンジで10秒加熱し、よく溶かしてからひき肉に加える。

❷ ①に生甘酒、玉ねぎ、マヨネーズ、塩・こしょう、水で溶いたわさびを加える。

❸ 手を氷水につけて冷やす。さらに、冷やし手袋を装着し、手早く混ぜる。

❹ ラップをかぶせて冷蔵庫で10分寝かせる。

❺ グレープフルーツゼリーを入れ、こねてから成形する。

❻ フライパンにサラダ油をひき、成形したハンバーグを入れフタをし、中火（火力により弱）で片面4分、裏返して3分焼く。そのまま余熱で3分置きじっくり蒸らす。

❼ ソースの材料を全て混ぜ、600Wの電子レンジで1分温める。

POINT!
牛脂を入れることで、肉のパサつきを抑えられる。

サイゲンPOINT!
米麹から作られた生甘酒には、うま味成分のアミノ酸をたっぷり含む「プロテアーゼ」という酵素が含まれている。この酵素の働きで、ハンバーグのうま味をよりアップさせてくれる。
※甘酒のなかでも加熱処理されたものは「プロテアーゼ」は含まれていないので注意！

POINT!
わさびに含まれる「イソチオシアネート」という成分が嗅覚を刺激し、臭みをかき消す効果が期待できる。

POINT!
手の体温で脂が溶けだすのを防げる。

POINT!
ここでも冷やし手袋を装着し、さらにサラダ油を塗るとお肉の表面がボコボコせずなめらかに成型できる。

サイゲンPOINT!
ゼリーに含まれるゼラチンには保水力があり、肉汁を抱きかかえてくれるのと同時に、ゼリー自体も加熱すると溶けて肉汁になるため、肉汁たっぷりのジューシーハンバーグに仕上がる。
※グレープフルーツゼリーが一番お肉の味を邪魔せず、ほんのり苦みがあるのでオススメ。

サイゲンPOINT!
オーブンほどではないが、フライパンの中の熱を逃がさず、ゆっくり余熱で火を通すことで肉汁を閉じ込める。

「肉」三昧で
ガッツリいきたい人に

家事えもんパパっとかけ算レシピ

鶏ひき肉×食パンで、外カリッ!中フワッ!な「チキンナゲット」

食パンがもつ空気を多く含むスポンジのような性質がフワッとした食感に仕上げてくれます。しかも家計にも優しい!

材料（20個分）

〈ナゲット〉
- 鶏ひき肉 ……………………… 250g
- 食パン（6枚切り）………… 2枚(125g)
- 牛乳 ……………………………… 100ml
- 卵 ………………………………… 1個
- コンソメ顆粒 ………………… 大さじ1
- 油 ………………………………… 適量

〈トマトソース〉
- ケチャップ …………………… 大さじ4
- 中濃ソース …………………… 大さじ2
- はちみつ ……………………… 小さじ2

鶏ひき肉×食パンで、外カリッ！中フワッ！な「チキンナゲット」

作り方

❶ 保存袋に、食パンを手で細かくちぎって入れる。

POINT!
簡単に混ぜることができ、余計な洗いものが出ず時短に！

❷ ①に牛乳、卵、コンソメ顆粒を入れしっかり混ぜ合わせる。

POINT!
耳はなるべく細かくすると混ぜやすくなる。

❸ ②に鶏ひき肉を入れてよく混ぜる。

❹ 火にかける前にフライパンに油をひき、角をカットした保存袋からタネを小判型に絞って並べる。

家事えもんPOINT!
先にパンと牛乳などの液体を混ぜてつなぎを作り、後から肉を入れるのがフワッと仕上げるコツ。

❺ 中火で表面がきつね色になる程度（表裏約5分ずつ）焼いて、キッチンペーパーで油気を取る。

❻ 焼いている間に、ケチャップ、中濃ソース、はちみつを混ぜ合わせてソースを作る。

家事えもんPOINT!
先に並べることで、焼き時間に差がなくなり焦げずにカリッと仕上げることができる！

POINT!
ソースの野菜のうま味にはちみつのコクのある甘みを合わせることでファストフード店のソースのような奥深い味に！ また、20秒ほどレンジで温めるとよりおいしくいただける。

お買い得な「まぐろの柵」15柵を早得ワザで6変化!

×15

- 1品目 漬けまぐろのサラダ
- 2品目 まぐろの彩りちらし寿司
- 3品目 まぐろのカツ
- 4品目 まぐろステーキ
- 5品目 まぐろのねぎま汁うどん
- 6品目 まぐろのディップ

「刺身以外のレパートリーが少ない」「火を入れてもパサパサになる」などの主婦(夫)たちの悩みを一気に解消!

「まぐろの柵」の知っ得ワザ

その❶ スジに対して垂直に切る
→身が崩れにくくなる

その❷ 料理のしかたによって使う部位を見極める

- ▶お腹側→スジが少なく柔らかいので、主に刺身など生で食べるのに向く。
- ▶尾っぽ側→スジが多く煮崩れしづらいため、煮ものなど加熱調理に向く。

お腹側

尾っぽ側

さらに知っ得!
時短「漬けまぐろ」

材料 ※サラダとちらし寿司に使用します
まぐろ…4柵　しょうゆ…200ml
みりん…200ml　卵黄…1個分
ごま油…大さじ1

作り方
ボウルにまぐろを食べやすい大きさにカットし、しょうゆ・みりん・卵黄・ごま油を入れて混ぜた後、10分程度漬ける。

POINT!
時間がかかるまぐろの漬けは、卵黄を入れることで、タレがからみやすくなる。また、ごま油が生臭さを抑えてくれる。

68

1品目 漬けまぐろのサラダ

材料 ※大皿用のレシピです

漬けまぐろ	2柵分
クレソン	1束
玉ねぎ	3個
アボカド	2個
シーザードレッシング	大さじ5

作り方

❶ クレソンを3〜4cmに切り、玉ねぎを薄くスライスしたものを合わせてボウルに入れて水にさらし、少し置いてから水気をきり、器に盛りつける。

❷ ①の上に漬けまぐろをまんべんなくちらし、その上にシーザードレッシングをかけて、食べやすい大きさに切り分けたアボカドを彩りよくちらす。

2品目 まぐろの彩りちらし寿司

材料 ※大皿用のレシピです

漬けまぐろ	2柵分
ごはん	4合
酢	50ml
塩	大さじ1/2
砂糖	大さじ1/2
刻みのり	適量
アボカド	1個
とびっこ	大さじ5
長いも	20g
たくあん	20g
新しょうが	20g
さけるチーズ	1本

作り方

❶ 飯台にごはんを入れ、酢、塩、砂糖で酢飯を作る。

❷ ①に刻みのり、漬けまぐろをのせる。

❸ カットしたアボカド、とびっこ、細かく刻んだ長いも、たくあん、新しょうが、さけるチーズをトッピングして完成。

「魚」の下処理もおまかせ

3品目 まぐろのカツ

材料 ※大皿用のレシピです

まぐろ	3柵
大葉	6枚
卵	1個
水	50ml
小麦粉	80g
パン粉	50g
黒ごま	大さじ2
塩・こしょう	各少々
ベビーリーフ	1袋
プチトマト	1パック
揚げ油	適量

作り方

❶ まぐろの横に切れ目を入れて、半分に切った大葉を挟み（1柵に2枚分）、お好みで塩・こしょうを振る。

❷ 卵、水、小麦粉を混ぜ、❶のまぐろの柵につけ、黒ごまを混ぜたパン粉をまぶす。

❸ 180度に熱した揚げ油に入れ、5分ほど揚げて油をきり、食べやすいサイズにカットして皿に盛りつけ、ベビーリーフとプチトマトを添える。

POINT! さっぱりさわやかな味わいに！

POINT! パン粉に黒ごまを混ぜると、風味が増し、よりサクサク感を出すことができる。

4品目 まぐろステーキ

材料 ※大皿用のレシピです

まぐろ	4柵
バター	大さじ2
にんにく（チューブ入り）	小さじ1
長ねぎ（みじん切り）	1/2本
しょうゆ	大さじ2
みりん	大さじ2
レモン汁	小さじ1/2

※「まぐろのカツ」と同じ揚げ油を使用
（酒……大さじ2※入れなくてもOK）

作り方

❶ まぐろの柵を、130度くらいの低温の揚げ油で素揚げする。表面に火が入り、内側がレアな状態（目安は2分程度）で油からあげて、そぎ切りにする。

❷ フライパンにバターを熱し、にんにく、刻んだ長ねぎを炒め、しょうゆ、みりん、レモン汁、酒を加えソースを作る。

❸ ❶を器に盛りつけ、その上から❷のソースをかけて完成。

POINT! 130度の目安は、衣を落とすと一度沈んでからゆっくり上がる状態。

ウル得マンPOINT! 低温なのでゆっくり外側が硬くなるため内側の水分が抜けるのを防ぎ、さらに油分でしっとり感が出てパサパサになりにくい！

5品目 まぐろのねぎま汁うどん

材料 ※大皿用のレシピです

まぐろ	2柵
長ねぎ	2本
冷凍うどん	2玉
水	3l
かつおだしの素	小さじ2
しょうゆ	大さじ2
白だし	大さじ2
塩	小さじ1

作り方

❶ 鍋に水を入れて沸騰させ、まぐろを1〜2cm角に切って入れる。

❷ ①にかつおだし、しょうゆ、白だし、塩を加えてから、さらに斜め切りにした長ねぎも入れ6〜7分ほど煮る。

❸ 冷凍うどんの袋に切れ目を入れ、水(分量外)を少し加えてから600Wのレンジで約3分加熱する。ザルに入れ流水でさっとしめ水気をきってから器に盛りつける。

> **ウル得マンPOINT!**
> 水を入れてチンすることで麺の中はコシが残り、外側はフワフワ！

6品目 まぐろのディップ

材料 ※大皿用のレシピです

まぐろ	2柵
マヨネーズ	大さじ3
クラッカー	適量
乾燥パセリ	適量

作り方

❶ ボウルに5mm角に切ったまぐろとマヨネーズを入れて混ぜ合わせ、器に盛りつけてから乾燥パセリを振りかける。

❷ お皿にクラッカーを並べ、①を添える。

「魚」の下処理もおまかせ

アレンジしやすい「あじ」6尾を早得ワザで8変化！

ウル得マン 30分 クッキング

×6

- 1品目 山いも磯辺揚げ
- 2品目 あじフライ
- 3品目 あじのトマト煮
- 4品目 あじのポキ
- 5品目 あじの漬け丼
- 6品目 あじのムニエル〜レモンバターアーモンドソース〜
- 7品目 あじのカルパッチョ
- 8品目 あじのタルタル

あじは家庭で料理するとワンパターンになりがちですが、実はアレンジしやすい素材です。下処理のコツもおさえれば怖いものなし！

「あじ」の知っ得ワザ

「料理によって使い分けできる」下処理のコツ

難しいと思われる魚の下処理もコツをつかめば簡単。3枚おろしにしておけば、そこから刺身や揚げものだけでなく、細かく刻めば料理の幅がグンっと広がる！

切り方

①頭と内臓を取り、腹を洗う。

②ぜいごを取る。

▶ぜいごと呼ばれる尾の近くにあるとげ状のうろこ部分と背骨の間は狭いので包丁が入りやすく上手にさばける。

③3枚におろす。

④皮をひいて中骨を取る。

▶ウル得マンは包丁の刃で皮をひくが、難しい場合は包丁の背でひくと失敗が少ない。

1品目 山いも磯辺揚げ

材料(1人分)
あじ	1/2尾
長ねぎ	1/4本
山いも(すりおろし)	大さじ2
のり	1枚
みそ	小さじ1
しょうが(チューブ入り)	適量
酒	大さじ1
揚げ油	適量

作り方
❶ あじは細かく刻んでたたく。
❷ ボウルに①のあじ、半分に切って小口切りにした長ねぎ、山いも、みそ、しょうが、酒を入れ、泡立てるように混ぜる。
❸ 4等分に切ったのりの上に、4等分にした②のたねをのせ、のりの四方を持ち上げ軽く包み、約160度の揚げ油でこんがり揚げる。

2品目 あじフライ

材料(2人分)
あじ	1尾
※「山いも磯辺揚げ」と同じ揚げ油を使用
オリーブオイル	適量
バジル	適量
塩・こしょう	各少々
※「あじのトマト煮」のソースを使用
〈バッター液〉
小麦粉	大さじ2
卵	1個
水	大さじ1
〈衣〉
パン粉	適量
乾燥バジル	大さじ1
粉チーズ	大さじ2

作り方
❶ あじに塩・こしょうをして、バッター液をつけ、衣をまぶす。
❷ 1品目の「山いも磯辺揚げ」で使った揚げ油にオリーブオイルを足し、約170度に熱して揚げ、盛りつける。3品目の「あじのトマト煮」のソースを適量かけ、バジルを飾る。

POINT!
油にオリーブオイルを入れることで風味アップ!

ウル得マンPOINT!
通常は、小麦粉と溶き卵は別々だが、まとめてつけるとパン粉のつきがよくなる!洗い物も少なくて済む。また、バジルと粉チーズで香りと塩味が足され、塩・こしょうなしでもおいしい。

「魚」の下処理も
おまかせ

3品目 あじのトマト煮

材料（2人分）

あじ	1尾
玉ねぎ	1/2個
キャベツ	1/4個
片栗粉	少々
プチトマト	2個

※「あじフライ」と同じ揚げ油を使用

Ⓐ オリーブオイル …… 大さじ1
　にんにく（チューブ入り）… 小さじ1
　ホールトマト …… 400g（1缶）
　白ワイン …… 大さじ2
　めんつゆ …… 大さじ2

作り方

① 2品目の「あじフライ」の後のオリーブオイルが入った油を約170度に熱し、ひと口大に切ったあじに片栗粉をまぶし、こんがり揚げる。

② 鍋にⒶを入れ、繊維に逆らい1cm幅に切った玉ねぎ、大きめに短冊切りしたキャベツ、プチトマトを入れ、フタをして約3分蒸し煮する。

③ 蒸しあがったら、①の揚げたあじを入れ1〜2分煮て、器に盛りつける。

POINT!
揚げることで普通に煮るより形が崩れにくく、ソースの絡みも良くなる。

4品目 あじのポキ

材料（1人分）

あじ	1/2尾
長ねぎ	1/4個
パプリカ（黄色）	1/2個
アボカド	1/4個
プチトマト	2個

〈タレ〉
　しょうゆ …… 大さじ1
　みりん …… 大さじ1
　ごま油 …… 小さじ1
　わさび …… 適量
　白ごま …… 適量

作り方

① あじは細かく刻んでたたく。

② 長ねぎは縦半分に切り、小口切りにし、パプリカとアボカドはひと口大に切る。

③ ボウルに①のあじと②の野菜を入れて混ぜ、タレを絡めて器に盛り、半分に切ったプチトマトを添える。

POINT!
ハワイで人気のまぐろ料理をあじでアレンジ！

5品目 あじの漬け丼

材料（1人分）

あじ	1尾
ごはん	お碗1杯分
大葉	1枚
刻みのり	適量
〈タレ〉	
しょうゆ	大さじ1
みりん	大さじ1
わさび	適量
白すりごま	大さじ1

作り方

❶ 6～7mmに切ったあじをボウルに入れ、タレを混ぜ合わせる。

❷ ごはんの上に①を盛りつけ、せん切りした大葉と刻みのりをのせる。

6品目 あじのムニエル～レモンバターアーモンドソース～

材料（2人分）

あじ	1尾
小麦粉	適量
バター	大さじ2
レモン汁	1/2個分
しょうゆ	大さじ1/2
スライスアーモンド	大さじ2
塩・こしょう	各少々

作り方

❶ フライパンにバター（大さじ1）を溶かし、塩・こしょうをし小麦粉をまぶしたあじを入れ、こんがり焼いて盛りつける。

❷ ①のフライパンに、さらにバター（大さじ1）を溶かし、レモン汁を絞り入れ、しょうゆを加えて煮立ったら、スライスアーモンドを入れ、からめる。

❸ ①のあじに②のソースをかけ、レモンのスライス（分量外）を添える。

「魚」の下処理もおまかせ

7品目 あじのカルパッチョ

材料（1人分）

あじ	1/2尾
玉ねぎ	1/4個
グレープフルーツジュース	大さじ1
オリーブオイル	大さじ2
塩・こしょう	各少々

作り方

1. あじは刺身状に切り、玉ねぎは薄くスライスし水にさらして水気をきる。
2. グレープフルーツジュース、オリーブオイル、塩・こしょうをボウルで混ぜる。
3. 皿に玉ねぎをのせ、その上にあじをきれいに並べ、②をかける。

8品目 あじのタルタル

材料（2人分）

あじ	1/2尾
マヨネーズ	大さじ2
塩・こしょう	各少々
乾燥パセリ	適量
レモン	半分
バゲット	適量

作り方

1. ボウルに、細かく切ったあじ、マヨネーズ、塩・こしょう、乾燥パセリ、レモン汁を絞り入れてよく混ぜ、器に盛りつける。
2. バゲットを添える。

得ワザ

便利

「イカの内臓」は包丁で縦に切れ目を入れて引っ張れば、5秒で取れる!

1

身の上から指で押して内臓を片側に寄せる。

2

身に外側から縦に切り込みを入れ、胴体を開く。

3

頭の付け根と身を剥がし、そのまま軟骨と内臓を一緒に垂直に引っ張る。

POINT!
包丁で身を開く際に、中心部分にある内臓が破けてしまうのを防ぐためのコツ。

POINT!
イカの内臓は、胴体の片面と接着しているため、頭の部分を持って横に引っ張ると、接着面の抵抗が大きく破れやすくなってしまう。しかし、得ワザのように切れ目を入れ身を開くことで、縦に引っ張りあげることができるため、抵抗が少なく、破かず一気に剥がせる。

通常、そのままの状態で内臓を引き抜きますが、その場合、ゆっくり引っ張り出さないと破れてしまったりグチャグチャに。実家の魚屋を手伝っていた際のプロのコツを伝授します! by カミナリ様

「魚」の下処理もおまかせ

子どもにも人気の食材「殻付きエビ」80尾を早得ワザで5変化!

×80

- 1品目 エビとアボカドソースのサラダ
- 2品目 エビチリ
- 3品目 エビフライ
- 4品目 エビしんじょう
- 5品目 エビのつけ麺

エビフライやエビチリなど家庭ではなかなかお店の味とまでいかないレシピも得ワザで格上げできます!面倒な下処理もハサミを使えば簡単。

「殻付きエビ」の知っ得ワザ

「殻と背ワタを取る」下処理のコツ

通常、殻むきと背ワタ取りは2工程となりかなり面倒。この処理方法なら、しっぽを取るまで(エビフライは残しておく)1工程で済みます!

切り方

①背の部分にハサミを入れ、しっぽの手前まで切り開く。

②切った部分から開き、殻と背ワタを取る。
▶ハサミで殻と身を一緒に切ることで、簡単に開きやすくなり背ワタもスッと手で取れる!

さらに知っ得!「臭みとぬめりを取る」美味テクニック

下処理を終えたエビに、適量の片栗粉をまぶして水で洗い流す。
▶片栗粉が臭みの元であるぬめりを取り除いてくれる! ※レシピでは、特に「エビフライ」で活用

78

子どもにも人気の食材「殻付きエビ」80尾を早得ワザで5変化！

1品目 エビとアボカドソースのサラダ

材料 ※大皿用のレシピです

エビ……………………20尾	にんにく(チューブ入り)…小さじ1	ごま油……………大さじ1
塩………………………少々	サラダ油……………大さじ2	プチトマト………1パック
サラダ油…………大さじ3	しょうゆ……………小さじ2	〈アボカドドレッシング〉
〈添え物〉	うま味調味料…………少々	アボカド……………2個
もやし……………2袋	塩………………………少々	シーザードレッシング…150ml

作り方

❶ フライパンにサラダ油（大さじ2）を熱し、にんにく、もやしを入れて炒め、しょうゆ、うま味調味料、塩、ごま油を加えて味つけして皿に盛りつける。

❷ ①のフライパンにサラダ油（大さじ1）を入れて軽く熱し、エビを炒めて塩で薄味をつけ、①の上に盛りつける。

❸ アボカドは皮と種を取り、ボウルに入れて潰す。

❹ 潰したアボカドにシーザードレッシングを混ぜ込んで、なめらかになったら②にかけ、プチトマトを添える。

POINT!
皮と実の間に指を滑り込ませて実を押し出すことで、簡単に皮がむける。

※特に見た目を気にする必要のない崩して使う料理にオススメ。

POINT!
シーザードレッシングのチーズとアボカドの相性が良く、より濃厚なソースに。

ウル得マンPOINT! 肉や魚にかけてもおいしい万能ソース！

「魚」の下処理もおまかせ

2品目 エビチリ

材料 ※大皿用のレシピです

エビ……………20尾	〈チリソース〉	砂糖……………大さじ1
長ねぎ…………1/2本	にんにく(チューブ入り)…大さじ1	酢………………大さじ2
チンゲン菜………2株	しょうが(チューブ入り)…大さじ1	トマトケチャップ…大さじ6
塩………………少々	豆板醤…………大さじ1/2	〈水溶き片栗粉〉
サラダ油…………適量	水………………400ml	片栗粉…………大さじ1
	鶏ガラスープの素…大さじ1/2	水………………大さじ2

作り方

❶ 長ねぎは斜め切り、チンゲン菜は3〜4cmの長さに切る。

❷ フライパンにサラダ油を熱し、チンゲン菜を入れて軽く炒め、塩を加えて味つけし皿に盛りつける。

❸ フライパンにサラダ油を熱し、エビを素揚げし取り出す。

❹ ❸のエビを取り出した後のフライパンに、にんにく、しょうが、豆板醤 を入れて炒める。

❺ 水で溶かした鶏ガラスープを❹に入れ、砂糖、酢、トマトケチャップを加える。

❻ ❺のチリソースに、❸の素揚げしたエビと長ねぎを入れ、煮詰める。

❼ ❻に水溶き片栗粉を入れてとろみをつけ、❷の上に盛りつける。

POINT!
水分を入れず、まず香味のものを先に炒めることで風味がぐんと増し、本格中華料理店の味に仕上がる。

80

子どもにも人気の食材「殻付きエビ」80尾を早得ワザで⑤変化！

3品目 エビフライ

材料 ※大皿用のレシピです

エビ…………………20尾	卵……………………1個	マヨネーズ…………適量
揚げ油………………適量	パン粉………………適量	レモン汁…………小さじ1
ベビーリーフ…………1袋	〈タルタルソース〉	〈砂糖水〉
〈衣〉	卵……………………2個	ぬるま湯…………150ml
小麦粉……………100g	昆布………………10cm	砂糖………………小さじ1
ビール……………200ml	らっきょう……………6個	

作り方

❶ 下処理をしたエビの腹側に包丁で切り込みを入れ、まっすぐになるようにのばす。

❷ ボウルに小麦粉、ビール、卵を入れ、しっかりと混ぜ合わせ、①のエビにからめて、パン粉をつける。

❸ 170度程度に熱した揚げ油に②のエビを入れ、こんがりと揚げて取り出し、油をきってから、ベビーリーフを盛りつけた皿にのせる。

❹ 卵を耐熱容器に入れ、卵黄に穴を開け600Wの電子レンジで約40秒加熱する。

❺ ④の卵に、砂糖水で戻しておいた昆布をみじん切りにし、みじん切りしたらっきょう、マヨネーズ、レモン汁を加えてタルタルソースを作り添える。

POINT!
衣にビールを入れることで、ビールの炭酸で衣に泡を作り、空気が入り込むようにしてサクサク食感を生み出す。

POINT!
アルコールでエビの臭みも消え、コクも出る。加熱することでアルコールは飛ぶので、子どもも安心して食べられる！

ウル得マンPOINT!
昆布を早く柔らかくしたい場合は、ぬるま湯で作った砂糖水に漬け置くと、普通20分ほどかかるところを、約5分で柔らかくできる！

※ただし、昆布のダシを使いたい場合は水で戻す方法がオススメ。

「魚」の下処理もおまかせ

4品目 エビしんじょう

材料 ※大皿用のレシピです

エビ	20尾
卵	1個
片栗粉	大さじ1
塩	少々
エビ風味スナック	40g
揚げ油	適量
春雨（乾燥）	20g

作り方

❶ エビ、卵、片栗粉、塩をフードプロセッサーにかけひと口大に丸める。（80gは「エビのつけ麺」に使用）

❷ エビ風味スナックは細かく砕いて❶にまぶし、170度に熱した揚げ油でこんがりと揚げ、油をきっておく。

❸ 170度に熱した揚げ油で春雨を揚げ、油をきり皿に盛りつけ、❷のえびをのせる。

ウル得マンPOINT!
砕いたエビ風味スナックで濃厚なうま味と風味をプラス、さらにサクサク食感も。

POINT!
春雨を揚げると一気に油を吸い膨らむ。高級店のような見栄えに！

5品目 エビのつけ麺

材料 ※大皿用のレシピです

水洗いで食べられる中華麺	2玉
エビのすり身	80g
コーンポタージュスープの素	5袋分
鶏ガラスープの素	小さじ2
トマトピューレ	70g
塩	少々
イタリアンパセリ	適量
〈だし〉	
エビの殻	60尾分
水	1000ml

作り方

❶ 鍋にエビの殻と水を入れて強火にかけ、沸騰後アクを取り弱火で約10分煮て殻を取り出し、だしを作る。

❷ ❶の鍋にエビのすり身、コーンポタージュスープの素、鶏ガラスープの素を入れて煮立て、火を弱めてトマトピューレを加え3～4分煮る。

❸ 最後に塩で味を調整し、器に盛りつけ、イタリアンパセリをのせる。

❹ 水洗いだけで食べられる中華麺をザルにあけ、水洗いして水気をきり器に盛りつける。

得ワザ

便利

魚焼きグリルの油汚れ防止は、焼く前にトレイに水溶き片栗粉を入れるだけでOK！

1
魚焼きグリルのトレイに、水300mlを入れる。

POINT!
トレイに水を入れてはいけないタイプのグリルもあるので、使用の際は、十分に注意して！

2
①に片栗粉大さじ5を加え、よくかき混ぜる。

3
普段どおりに網に魚をのせ、焼く。

4
焼き終わったグリルを、そのまま2時間ほど放置して冷ます。

POINT!
必ず水で行うこと。お湯で片栗粉を溶くと、片栗粉があんかけ状になってしまう。

2時間後、固まった片栗粉を剥がして捨てる。

POINT!
片栗粉を放置する際には、トレイが水平になるように置くこと。トレイが傾いたままだと、片栗粉の固まり具合にムラができるためご注意を。

POINT!
水に混ぜた片栗粉が、グリルで45度以上に熱せられると、でんぷんの組織が崩れ水を吸収し、粘り気のある糊状態になる。これをでんぷんの糊化(こか)という。この状態を2時間かけてゆっくり冷ますと、でんぷんは再度組織化し、固まる。その時、水や油汚れも一緒に固まるため、結果、水洗いも必要のない、剥がすだけでキレイなグリルになる。

「卵」の基本料理も格上げできる

🍴 タマミちゃんの絶品卵レシピ！

高級ホテルのような
フワトロで濃厚なスクランブルエッグ

卵に塩とヨーグルトを混ぜ、湯せんで火を通せばOK！

材料（1人分）
卵	2個
塩	少々
ヨーグルト	大さじ1
水	適量

作り方

❶ 卵をボウルに割り、白身が切れるまでフォークで混ぜる。塩、ヨーグルトを入れ、馴染むまでかき混ぜる。

❷ 鍋（フライパン）に水を張り、沸騰する手前で弱火にし、❶を湯せんする。

❸ ❷の湯せんはボウルのフチから少しずつ固まってくるので、ゴムベラで固まった部分を潰す。

❹ ❸を繰り返し、自分の好みの固さになるまで混ぜる。
※お好みでつけあわせに、ベビーリーフやプチトマト、ベーコンなどを添えても。

POINT!
通常は生クリームを使うが、ご家庭に常備していない場合もあるので、ヨーグルトを使用。しかもヨーグルトに含まれる乳脂肪分は味を濃厚にし、加えて乳酸菌の働きで作られたうま味が、味に深みを増す働きがある。

POINT!
約90度で湯せんをすると、ボウルの中は卵が柔らかくなる約70度をキープできるので、フワトロ食感に！

面倒な「ゆで卵のみじん切り」は、ミカンのネットを使えば、一発で簡単にできる！

1	2	3

ネットをしっかりと手で押さえる。

一気に絞り出す！

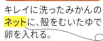

キレイに洗ったみかんのネットに、殻をむいたゆで卵を入れる。

POINT!
みかんのネットがない場合は、おくらなどのネットでも代用可能。

この得ワザを使えば、たまごサンドやサラダの準備も簡単！ しかも、卵だけではなく、蒸したじゃがいもも簡単にみじん切りにできるので、マッシャーのないご家庭でも、簡単にマッシュポテトやポテトサラダができる！

「卵」の基本料理も格上げできる

🍴 タマミちゃんの絶品卵レシピ！

濃厚トロトロ！
カルボナーラ風 卵かけごはん

卵白をごはんに混ぜてフワフワ、エアリーな食感に！

材料（1人分）

卵	1個
ベーコン	30g
とろけるチーズ	20g
しょうゆ	小さじ1/2
黒こしょう	適量
粉チーズ	適量
ごはん	200g

濃厚トロトロ! カルボナーラ風 卵かけごはん

作り方

① ベーコンを7〜8mm幅程度に切り、600Wの電子レンジで40秒加熱する。

POINT!
ベーコンを電子レンジで温めて、うま味が詰まった肉汁を引き出す。

② 卵は卵黄と卵白に分けておく。

③ 加熱したベーコンに、卵黄、とろけるチーズを加え、混ぜ合わせる。

POINT!
ペットボトルをへこませ、ペットボトルの口に卵黄を近づけ吸い取る得ワザを使用するとラクに卵黄と卵白を分けられる。

④ ごはんを盛り、卵白としょうゆを入れ、かき混ぜる。

⑤ ④のフワフワのごはんの上に③をかけ、お好みで黒こしょう、粉チーズをかける。

POINT!
とろけるチーズが、加熱したベーコンの余熱でとけるまでかき混ぜる。

POINT!
ごはんに卵白を入れよく混ぜるとメレンゲ状になり、フワフワの食感を楽しめる。

87

🍴タマミちゃんの絶品卵レシピ!

新食感! 長いもでふんわり焼き卵かけごはん

卵に長いもを混ぜるとキレイにフワッと膨らむ!

材料(1人分)

卵	1個
長いも	30g(すりおろしたもの)
塩	ひとつまみ
ごはん	100g
しょうゆ	お好みで

新食感! 長いもでふんわり 焼き卵かけごはん

作り方

① 卵を卵黄と卵白に分ける。

② すりおろした長いも、卵白、塩を **フォーク** で混ぜ、メレンゲ状にする。

③ 耐熱容器にごはんを盛り、その上に②をかける。

④ 180度の **オーブン** で③を13分焼く。

⑤ ④の真ん中に卵黄をのせる。お好みでしょうゆをたらす。

POINT!
卵白をフォークで泡立てると、より多く空気を取り込むことができ、さらにその中に長いもを加えることで、ネバネバ成分のムチンが卵白の中の空気を包み込み、フワフワに仕上がる。

POINT!
電子レンジのトースター機能なら、膨らまないが同じような味が10分で作れる。

「卵」の基本料理も格上げできる

家事えもん流 簡単卵レシピ

絶品！生オムライス風卵かけごはん

ケチャップを40秒加熱するだけでOK!

材料（1人分）

ベーコン	1枚
バター	5g
コンソメ	小さじ1/3
ケチャップ	大さじ1
塩・こしょう	少々
ごはん	茶碗1杯分
卵	1個

作り方

❶ ベーコンを細かく切り、バター、コンソメ、ケチャップ、塩・こしょうとともにを耐熱容器に入れて、600Wの電子レンジで40秒ほど加熱する。

❷ ごはんの上に①を広げて乗せ、中央に卵をのせる。お好みでチーズをかけるのもオススメ！

POINT!
ケチャップは加熱すると酸味が取れて、甘みが増す。この甘みがオムライス風味になる！

90

🍴 タマミちゃんの絶品卵レシピ！

マグカップを器にした フワトロ親子丼

卵に炭酸水を混ぜれば失敗せず簡単に作れる！

材料（1人分）

ごはん	100g
卵	1個
玉ねぎ（薄切り）	25g
焼き鳥缶（85gほどのサイズ）	1/2
めんつゆ	大さじ1
炭酸水	大さじ2

作り方

❶ 卵を卵黄と卵白に分ける。卵黄にめんつゆをかけて、うま味をなじませる。

❷ 卵白に缶詰の焼き鳥、玉ねぎを加え、よく混ぜる。

❸ ②に炭酸水を入れ軽く混ぜる。

炭酸水なし　炭酸水あり

POINT!
卵白に炭酸水を加えて加熱すると、二酸化炭素の泡が膨らんで、フワフワに。また混ぜ過ぎると炭酸が抜けてしまうので注意して！

❹ マグカップに温かいごはんを入れ、③を盛り600Wの電子レンジで2分加熱。

❺ ④の中心にくぼみを作り、①の卵黄を投入。お皿でフタをして、600Wの電子レンジで30秒加熱。

❻ マグカップの取っ手を持ち、フタの中心は熱いのでふちをおさえながら、全体を均一にフワッとさせる感じで振る。余熱で1分温める。

POINT!
振ることで、自然と卵黄が崩れ、とろけた卵黄が全体にからまる。

家事えもんレシピ

ふわトロ卵の
チリソースあんかけ焼きそば

ウーロン茶と
マーマレードで
本格中華の味に！

材料（1人分）

〈焼きそば〉
- アスパラガス ……………………… 4本
- 鶏むね肉 …………………………… 100g
- ごま油（あんかけ用）……………… 小さじ1/2
- プチトマト ………………………… 8個
- 卵 …………………………………… 2個
- 焼きそば麺（市販）………………… 1袋
- ウーロン茶 ………………………… 約100ml
- 鶏ガラスープの素 ………………… 小さじ1/2
- ごま油（麺用）……………………… 小さじ1/2
- 黒こしょう ………………………… 適量
- 酢 …………………………………… 小さじ1/2
- ごま油（仕上げ用）………………… 適量

〈チリソース〉
- ケチャップ ………………………… 大さじ5
- にんにく（チューブ入り）………… 小さじ1/2
- しょうが（チューブ入り）………… 小さじ1/2
- 豆板醤 ……………………………… 小さじ1/2
- 鶏ガラスープの素 ………………… 小さじ2
- 水（チリソース用）………………… 250ml
- 片栗粉 ……………………………… 小さじ2
- マーマレード ……………………… 大さじ1と1/2

ふわトロ卵のチリソースあんかけ焼きそば

作り方

❶ **アスパラガス**を下処理し、斜め切りにする。

❷ 鶏むね肉を繊維を**断ち切る方向**に、ひと口大に切る。

❸ 市販の焼きそば麺の袋を開け**ウーロン茶**を入れ、下のほうから優しくもみ、麺をほぐす。

❹ ③のウーロン茶を捨て、フライパンで麺を炒める。鶏ガラスープの素を加えてさらに炒める。

❺ ごま油（麺用）を加えて少し炒めたら、お皿に盛りつけ黒こしょうを振りかける。

❻ ＜チリソース作り＞
ケチャップ、にんにく、しょうが、豆板醤、鶏ガラスープの素、水、**片栗粉**、**マーマレード**といった材料をすべて混ぜる。

❼ フライパンにごま油（あんかけ用）をひき中火にし、切った鶏むね肉、アスパラを炒める。

❽ ⑦にプチトマトを加え、⑥のチリソースを加え加熱する。その間に**卵を溶く**。

❾ チリソースにとろみがついたら弱火にし、卵をフォークに通しながら流し入れ、酢、ごま油（仕上げ用）を加え、麺の横に盛りつける。

POINT!
切り口のほうから親指で押すと、柔らかい部分との境目で折れる。この折れた根元側のみピーラーで皮をむく。

POINT!
鶏むね肉は、繊維に対して直角に切ると柔らかくなる。

家事えもんPOINT!
ウーロン茶でもむとほぐれやすく香ばしくなる。さらに麺にコーティングされた油が取り除かれ、味がしみ込みやすくなる。

POINT!
片栗粉を先に入れて混ぜると、ダマになりにくい。

家事えもんPOINT!
フルーティーでいて苦みもあり、甘みとコクがあるので、複雑で深い味わいに。

POINT!
フォーク2本で卵を溶くと、白身が切れやすい。

家事えもんレシピ

モチモチ濃厚!
担々風ラーメン

インスタントラーメンを、簡単手作り万能調味料で、プロの味に格上げします!

材料(1人分)

インスタントラーメン	1袋
付属の粉末スープ(塩味)	1/2袋
ピーナツバター	大さじ3
和風だしの素	小さじ1
豆乳	200ml
はんぺん	1/3枚
トマト	1/4個
レタス	1枚(30g程度)
ツナ	1缶
黒こしょう	適量

〈麺のモチモチ感アップ〉

重曹	小さじ1 1/2
お湯	1リットル

〈鶏油(チーユ)風調味料〉

豆乳	小さじ2
鶏ガラスープの素	小さじ1/2
ごま油	小さじ2

〈簡単味つけ卵〉

ゆで卵	1個
白だし	大さじ1 1/2
ごま油	小さじ1/2

モチモチ濃厚! 担々風ラーメン

作り方

① ゆで卵に爪楊枝1本でまんべんなく穴をあけ、密閉袋に入れ、白だし、ごま油を入れる。密閉袋の空気をストローを使って抜き、つけ汁にゆで卵が浸されている状態にし、5分おく。

② 鍋にお湯、重曹を入れ、インスタントラーメンをゆで、軽く水ですすぐ。

③ ラーメンの器にピーナツバター、付属の粉末スープ、和風だしの素、豆乳を入れ、600Wの電子レンジで2分加熱する。

④ 豆乳、鶏ガラスープの素、ごま油をよく混ぜ鶏油風の調味料を作る。

⑤ はんぺんをサイコロ状に切る。

⑥ トマトを1cm角のサイコロ状にカットし、レタスをせん切りする。

⑦ ③のスープが温まったら良く混ぜ、ゆでた麺を入れる。レタス、トマト、はんぺん、ツナを盛りつけ、①の味つけ卵を半分に切り盛る。鶏油風調味料を麺に回しかけ、最後に黒こしょうをかける。

POINT!
卵に爪楊枝で穴を開けると味がしみ込みやすい。

POINT!
白だしを原液のまま使うと味がしみ込む。白だしがなければ、麺つゆでもOK。

POINT!
空気を抜いて真空状態にすることで、卵全体を白だしがコーティングし、効率的に味がしみ込みやすくなる。

POINT!
重曹を入れると生麺のようにモチモチになる。

POINT!
ピーナツバターは、コクを出して濃厚でクリーミーなスープになる。

家事えもん POINT!
これ自体が万能調味料なので、野菜炒めの味つけや、ざく切りにしたキャベツにかければ、塩キャベツにもなる。

POINT!
生のはんぺんがふわふわの食感の具材に。

家事えもんレシピ

レンジだけで作れる!
クリーミーなのに後味サッパリ!
冷やし中華

煮豚も錦糸卵も簡単! 麺のコシも酢でだします。

材料(1人分)

〈具材〉
- 豚薄切り肉 ……………………… 50g
- 焼酎 ………………………… 大さじ1/2
- しょうゆ …………………………… 大さじ1
- ブルーベリージャム ……………… 大さじ1
- 卵 …………………………………… 1個
- 片栗粉 ……………………………… 少々
- サラダ油 …………………………… 少々
- トマト ……………………………… 1/2個
- 水菜 ………………………………… 1株
- 冷やし中華の付属のタレ ………… 大さじ2
- 揚げ玉 ……………………………… 適量

〈タレ〉
- 鶏ガラスープの素 ………………… 小さじ1
- ケチャップ ………………………… 大さじ1/2
- マヨネーズ ………………………… 大さじ1
- 粗びきこしょう …………………… 少々
- ヨーグルト ………………………… 100g
- ごま油 ……………………………… 小さじ1
- 豆乳 ………………………………… 35ml
- 麦茶 ………………………………… 500ml

〈麺〉
- 中華麺 ……………………………… 1袋
- お湯 ………………………………… 500ml
- 酢 …………………………………… 大さじ1

レンジだけで作れる！クリーミーなのに後味サッパリ！冷やし中華

作り方

〈煮豚〉
❶ 豚薄切り肉をトレーの上で1cm幅にキッチンバサミで切る。

❷ ボウルに①としょうゆ、焼酎、ブルーベリージャムを入れ、混ぜ合わせる。

❸ 平らな耐熱皿に②を並べてラップをし、600Wの電子レンジで1分30秒加熱する。

〈錦糸卵〉
❶ 卵を割り、ほぐす。

❷ ①に片栗粉を少々加え、よく混ぜ合わせる。

❸ 皿にラップをピンと張り、そこにサラダ油を広げ、卵をクレープのように薄く広げて600Wの電子レンジで1分30秒加熱する。

❹ 粗熱が取れたら、くるくると巻いて細切りにする。

〈野菜〉
❶ 水菜とトマトを細かく切る。

❷ ①で切った野菜と付属のタレを混ぜてマリネにする。

〈麺〉
❶ 麺を水で軽く洗う。

❷ ボウルにお湯と酢、麺を入れ、ラップをし、600Wの電子レンジで3分30秒加熱。その後、氷水でしめる（今回はゆで時間2分半〜3分の麺を使用）。

〈タレ〉
❶ タレ用の材料をすべて混ぜる。

〈盛りつけ〉
❶ タレと麺を混ぜ合わせた後、皿に盛りつける。

❷ 錦糸卵、煮豚をのせて、トマトと水菜のマリネを彩りよく盛りつけ、揚げ玉をちらす。

POINT!
お肉を切ると、まな板をしっかり洗う必要があるのでキッチンバサミを使うと楽チン！

家事えもんPOINT!
家事えもん流煮豚は、ブルーベリーの甘み・酸味・苦みをかけ算することで、1時間煮込んだようなコクを出せる。

POINT!
片栗粉に含まれるでんぷんが、加熱すると卵の水分とくっついてノリ状になるため、破れにくい錦糸卵ができる。

POINT!
野菜と冷やし中華のタレを混ぜることで下味がつき、全部を混ぜた時に味に一体感が生まれる。

POINT!
酢を入れると、麺にコシのような硬さが生まれる。

POINT!
酢で酸味をきかせるのではなく、ヨーグルトでほどよい酸味をプラス。

家事えもんレシピ

火を使わない、
コクうま沖縄風うどん

独特のコシも、角煮もレンジでOK。沖縄風スープは、鶏ガラ+かつおだしのWスープです!

材料（1人分）

冷凍うどん	1玉
豚ばら肉	4枚
しょうゆ	小さじ2
みりん	小さじ2
砂糖	小さじ1
笹かま（斜め切り）	1/2枚
ゆで卵	1/2個
青ねぎ	1本
紅しょうが	適量

〈スープ〉

しょうゆ	小さじ1/3
鶏ガラスープの素	小さじ1
カツオだし	小さじ1
みりん	小さじ1/2
塩	少々
お湯	300ml

火を使わない、コクうま沖縄風うどん

作り方

❶ ボウルにしょうゆ、みりん、砂糖を合わせタレを作り、豚ばら肉を1枚1枚浸しながら、ミルフィーユのように重ねていく。

❷ ①の豚ばら肉を耐熱皿に移して軽くラップをし、600Wの電子レンジで1分半、裏返して爪楊枝をさして、1分加熱する。

❸ 冷凍うどんをサッと水にくぐらせ、耐熱皿にのせ600Wの電子レンジで表を1分半、裏返して1分半の計3分加熱する。

❹ どんぶりにスープの材料のすべてを混ぜ合わせ、③のうどんを入れる。

❺ ②の肉を食べやすいサイズにカットし、笹かまやゆで卵、小口切りした青ねぎ、紅しょうがなどをお好みでトッピングする。

家事えもんPOINT!
こうすることで煮込まなくても、タレがしみ込む。

家事えもん POINT!
加熱する際、豚ばら肉をしっかりと固めるために、爪楊枝をさす。さらに⑤でカットする時、爪楊枝を押さえながら切ればヤケドの心配もナシ！

POINT!
うどんは外側の水分を多くし、内側の水分を少なくすることで、コシが出る。サッと水にくぐらせ加熱することで、外側にだけ水分が浸透するので、コシのある食感になる！

99

「麺」料理のバリエーションが確実に増える

得ワザ 時短

うどんを油で3分揚げるだけで、子どもが喜ぶチュロスができる！

材料（1人分）
うどん…3本　揚げ油…適量　砂糖…お好みで　小麦粉…適量

作り方

1
同じ長さのうどんを3本選び、Uの字を作るようなイメージで半分に折る。

2
U字になっていないほう（下部）を割り箸ではさみ、上下をひっくり返す。

3
うどんの輪っかのほうに割り箸を通し、グルグルとひねる。

4

ひねったうどんにまんべんなく小麦粉をまぶし、170度の揚げ油で3分揚げる。

5

お好みで砂糖を振りかける。

POINT!
お好みでイチゴ、抹茶、ココア、はちみつ、シナモンシュガー、カレー粉で、味のアレンジも可能！

家事の中でも一番工夫したい！でも難しい……
料理の得ワザ

アレンジ料理など知っていると便利なレシピが満載！

テーマ別レシピ

料理好きも料理ベタも知っておくと便利なのがアレンジ料理。「得意料理を作り過ぎた」「便利なコンビニ食材だけでどうにかしたい」など目的やレベルに応じて使い分けできるレシピには有名シェフも参戦！家庭料理も多彩なアレンジで一気に格上げできます！

「作り過ぎた料理」を簡単アレンジ……………………102～123p
「コンビニ食材」が本格ディナーに！……………………124～139p
「スイーツ」もオリジナル得ワザで大変身！……………140～147p
「知っ得！便利レシピ」で節約＆時短……………………148～165p
【スペシャル得ワザ】
「得損甲子園30分スピード料理バトル」決勝
密着レポート＆5レシピ紹介……………………………166～172p

✘ 鬼才・小林シェフのリメークレシピ

残ってしまったみそ汁を「みそ風味の焼きリゾット」に

作り過ぎたおみそ汁を、時間に調理させて、絶品イタリアンに大変身させる!

材料（1人分）

みそ汁	お椀1杯
冷ごはん	お茶碗1杯
とろけるチーズ	3枚
オリーブオイル	小さじ2
粉チーズ	適量
仕上げ用オリーブオイル	適量
オリーブオイル	大さじ1

残ってしまったみそ汁を「みそ風味の焼きリゾット」に

作り方

❶ お茶碗1杯のごはんにお椀1杯のおみそ汁を混ぜて==一晩寝かせる。==

❷ とろけるチーズを細かくカット。①にオリーブオイルと一緒に混ぜる。

❸ フライパンにオリーブオイル大さじ1をひいて、お好み焼きのように②を7〜8分ほど焼く。

❹ 引っくり返してフライパン上で動くようになったら（焼き目がついてきたら）皿に移して、粉チーズとオリーブオイルをお好みでかけて完成。

小林シェフPOINT!
ごはんはほどよく膨らみ、その中にみそ汁の味がしっかりしみ込み、適度な硬さに。これを食材として使用。

小林シェフPOINT!
翌日のみそ汁は、そのままだとみその風味が落ちてしまうが、ごはんを入れて一晩寝かせることで、残ったコクがアクセントになり、さらに角が取れてまろやかな一品になる。みその種類もどんな具でもOK！

「作り過ぎた料理」を簡単アレンジ

✗ 鬼才・小林シェフのリメークレシピ

2日目のカレーを「カンネローニ仕立て」に

主婦の皆さんが余らせてしまう料理第1位のカレーを絶品イタリアンに大変身!

材料（1人分）

油揚げ	2枚
カレー	70g
エリンギ	1/2本
とろけるチーズ（油揚げの中に巻くチーズ）	40g
とろけるチーズ（上からかけるチーズ）	80g
トマト（水煮缶・カット）	60g
仕上げ用オリーブオイル	適量
バジル	適量

104

2日目のカレーを「カンネローニ仕立て」に

作り方

① 油揚げを開き、外側の油の強いほうが表になるようにまな板に置き、カレーを塗る。

> 小林シェフPOINT!
> 油揚げの植物性の油と、カレーの動物性の油を合わせることで、ふたつの油があいまって、深みのある風味を醸し出す。
>
>

② ①の上に、8等分に切って香ばしくなるまで焼いたエリンギ、とろけるチーズをのせて、のせたほうを手前にして巻いていく。

> 小林シェフPOINT!
> 2日目のカレーは、スパイスはまろやかになったり、冷えて固まっているが、逆にそれをプラスに捉え、味がほかの食材とからみやすくなり、油揚げに簡単に塗ることができるなど便利な食材となる!
>
>

③ ②の巻き終わりを下にして、トマトの水煮をひいたグラタン皿に並べて置き、チーズ、トマトを上にのせてオーブントースターで約10分程度焼く。

④ 焼き上がりに、オリーブオイルをかけ、バジルをちらす。

> 小林シェフPOINT!
> この組み合わせを焼くと、まさに"ピッツァ マルゲリータ"に!
>
>

「作り過ぎた料理」を簡単アレンジ

🍴 鬼才・小林シェフのリメークレシピ

作り過ぎた餃子のタネを「トマトグラタンスープ」に

調理の過程で作り過ぎてしまった餃子のタネを、絶品イタリアンに大変身!

材料(3人分)

〈今回使った餃子のタネ(200g)〉
豚ひき肉	100g
キャベツ	100g
にら	20g
鶏ガラスープの素	小さじ1/2
酒	小さじ1/2
みりん	小さじ1/2
濃口しょうゆ	小さじ1/2
しょうが	小さじ1/2
ごま油	小さじ1/2
塩	ひとつまみ
こしょう	少々

玉ねぎ	1/2個
にんじん	1/2本
トマトカット缶	大さじ4
オリーブオイル	大さじ1 1/2
水	300ml
塩	少々
餃子の皮	2枚
食パン(耳なし)	1/4枚×3
とろけるチーズ	適量
仕上げ用オリーブオイル	適量

作り過ぎた餃子のタネを「トマトグラタンスープ」に

作り方

① 鍋に5mm角に切った玉ねぎとにんじんを入れ、オリーブオイルで焼きつけるように炒める。水気が飛んだところで、==解凍した餃子のタネ==をドリップごと入れる。

小林シェフPOINT!
冷凍すると細胞の中で水が膨張して、細胞の膜に亀裂が入る。それを解凍すると、亀裂から水が漏れる。これがドリップの仕組み。この中には、素材のうま味や風味が入っているので、加熱をすることで余分な水分が気化し、うま味が残る!

② 肉の色が変わったら、そこへトマトカット缶を加え、さらに水分を飛ばすように炒める。

③ トマトが崩れ、全体的に水分が少し飛んだら、水を入れて、さらに塩を少々入れフタをして、弱火で5〜6分煮込む。

④ ③に==餃子の皮==をちぎって入れ、煮込む。

小林シェフPOINT!
餃子の皮は小麦粉でできているので、パスタの代わりになる!

⑤ スープをココットなどの耐熱容器に入れ、さらに食パンととろけるチーズをのせて、オーブンで5分ほど焼き、最後にオリーブオイルをかけたら完成!

小林シェフPOINT!
冷凍→解凍によるドリップという弱点を、うまく活かした一品に!

「作り過ぎた料理」を簡単アレンジ

🍴 鬼才・小林シェフのリメークレシピ

残ったローストチキンを「スフォルマート」に

クリスマスにご家庭で買っても残りがちなローストチキンを、本格イタリアンディナーにリメーク！

材料（ココット2個分）

ローストチキン…骨のみ2本分＋身1本分	煮だしスープ……………………60ml
〈スープ用〉	ペンネ……………………………6本
にんじん………………………1/2本	チーズ……………………………20g
玉ねぎ…………………………1/2個	トマト……………………………2個
セロリ…………………………10cm	いんげん…………………………1本
ローリエ…………………………2枚	〈とろみあん〉
水…………………………………1l	片栗粉………………………小さじ1/2
〈具材〉	水……………………………小さじ1
ローストチキン…………………60g	煮だしスープ……………………60ml
オリーブオイル………………大さじ3	仕上げ用オリーブオイル………適量
卵…………………………………1個	

残ったローストチキンを「スフォルマート」に

作り方

① 鍋にローストチキンの身をほぐし(この時出てきた骨もスープに入れる)、オリーブオイルをまぶす。

小林シェフPOINT!
骨を使うことで豚骨スープのような濃厚さを醸し出すスープになる。

② ①の鍋にスープ用野菜を1cmの角切りにして入れ、骨と、水を一緒に沸騰するまで強火で煮込んでから、弱火にして15分ほど煮込んでスープをザルでこし、とっておく。

小林シェフPOINT!
ローストチキンはすでに焼いてあるため、香ばしい香りのするコクのあるスープになる。

③ ボウルに卵を溶いて少しねかせる。

④ 別の鍋でペンネをゆで、チーズは角切り、トマトはくし切りにし、いんげんを湯通しして2cm幅に切る。

⑤ ボウルに冷ました②と③を混ぜ、①④も入れて混ぜ合わせる。

小林シェフPOINT!
パスタをゆでる場合、たっぷりのお湯に塩を入れて飲んでみて、自分で「塩が入っているな」と感じる塩分濃度でよし。

⑥ ココットなどの耐熱容器に入れて、約10分程度蒸す。

⑦ ②でこしたスープに、片栗粉と水でとろみをつけて、⑥にかけ、仕上げにオリーブオイルをかけて完成。

小林シェフPOINT!
ローストした鶏の身、骨、野菜のうま味などが、砂糖の甘さではない、味としての甘さが際立つスープになる!

「作り過ぎた料理」を簡単アレンジ

🇮🇹 ウル得マンタロウ 30分 アレンジ絶品イタリアン

「かぼちゃの煮つけ」
リレー進化レシピ 6 品!

すでに煮つけの下味がついているので調理が簡単。さらに味も調理を繰り返すことで、より深くおいしくなります!

4品目
かぼちゃのディップ

5品目
かぼちゃのスープ白みそ仕立て

6品目
かぼちゃのパンケーキ

1品目
かぼちゃのフリット

2品目
かぼちゃのトマトチーズ焼き

3品目
トマト焼きアンチョビパスタ

「かぼちゃの煮つけ」リレー進化レシピ 6 品!

1品目 かぼちゃのフリット

材料(2人分)

かぼちゃの煮つけ	3〜4切れ
豚バラ肉(しゃぶしゃぶ用)	9枚
セロリの葉	9枚
さけるチーズ	1本
塩・こしょう	適量
天ぷら粉	100g
炭酸水	150ml
揚げ油	適量

作り方

① かぼちゃの煮つけを1cm程度の厚さに、さけるチーズを棒状に切る。

② 豚肉に塩・こしょう、天ぷら粉少々(適量)を振り、セロリの葉、さけるチーズ、かぼちゃを一緒に巻く。

③ 天ぷら粉に炭酸水を加えて混ぜた衣にかぼちゃ巻きをくぐらせ、揚げ油で約4〜5分揚げる(9個)。

POINT!
セロリの葉は、茎よりもベータカロチンが約2倍多く含まれ香りも強い。チーズは固めのタイプを使う。整形しやすく、熱を加えても流れ出にくく調理しやすい。

POINT!
炭酸水を使うとふんわりサクッと仕上がる。

2品目 かぼちゃのトマトチーズ焼き

材料(2人分)

かぼちゃのフリット	4個分
トマト	2個
カマンベールチーズ	2個
塩・こしょう	適量
とろけるチーズ	2枚
バルサミコ酢	大さじ3
砂糖	小さじ1

作り方

① トマト2個のヘタ側を1cm程度の厚さで切り落とし、中身をくりぬく。(中身はトマト焼きアンチョビパスタに使用)

② 豚かぼちゃのフリット4切れをざく切りにし、ちぎったカマンベールチーズと混ぜ合わせ、塩・こしょうする。

③ ②を①のトマトに詰めて、とろけるチーズをのせる。

④ トースターに③と、ヘタのフタを並べ、5分焼く。

⑤ バルサミコ酢と砂糖を火にかけ、軽く煮詰めてソースを作る。④のトマトを皿に盛りつけ、ソースをかける。

POINT!
かぼちゃの煮つけをそのまま加えるより木の実の風味と食感がプラスされうま味もグンっとアップ!

POINT!
弱火で煮詰めるとブドウジュースのように甘くなり、肉料理などにもよく合う。

3品目 トマト焼きアンチョビパスタ

材料（1人分）

トマトの身	2個分
にんにく	1片
かぼちゃのトマトチーズ焼き	1個
アンチョビ	2枚
パスタ（1.4mm）	80g
水	180ml
塩	少々
オリーブオイル	適量
顆粒コンソメ	適量
黒こしょう	適量
とろけるチーズ	1枚

作り方

❶ 耐熱皿に半分に折ったパスタ、水、塩、オリーブオイルを入れて、600Wの電子レンジで7分加熱する。

POINT! パスタを半分にすることで熱が通りやすく時短となり、味もしみ込みやすくモチっと仕上がる。

❷ にんにくを刻み、フライパンにオリーブオイルを入れて炒め、刻んだアンチョビを入れる。

POINT! オリーブオイルで麺同士がくっつきにくくなる。

❸ トマトチーズ焼き1個をざく切りにし、トマトチーズ焼き調理の際にくりぬいたトマトの中身と❷を一緒に炒める。

POINT! お湯を用意する必要がなく、1人前でも作れる便利得ワザ！電子レンジで時間もセットできるのでゆで過ぎもなく安心。

❹ クッキングシートにとろけるチーズをのせて、600Wの電子レンジで1分30秒加熱して、冷ましておく。

POINT! 火を入れた甘みとフレッシュなトマトの酸味が加わり、普通のトマトから煮るより深い味になる！

❺ レンジでゆでたパスタを❸に加えて炒め合わせ、顆粒コンソメ、お好みで黒こしょうで味を調える。

❻ 皿に盛り、❹のチーズをクッキングペーパーの中で砕いてパスタの上にのせる。

POINT! チーズがパリパリになり、少し焦げ目のついたオシャレなトッピングに！

「かぼちゃの煮つけ」リレー進化レシピ6品!

4品目 かぼちゃのディップ

材料(1人分)

かぼちゃの煮つけ	5〜6個
牛乳	大さじ4
マヨネーズ	大さじ2
カレー粉	適量
にんじん	1/4本
セロリ	1/4本
きゅうり	1/4本

作り方

❶ かぼちゃの煮つけをスプーンで身と皮に分け、身はフードプロセッサーに入れる。皮は刻み、別にしておく。

❷ 牛乳、マヨネーズを加えて撹拌し、ピューレ状にする。器に盛り、カレー粉を振る。

❸ にんじん、セロリ、きゅうりをスティック状に切り器に盛り、❷のディップを添える。

5品目 かぼちゃのスープ白みそ仕立て

材料(2人分)

かぼちゃのディップ	250g
牛乳	150ml
白みそ	大さじ1
乾燥パセリ	少々
生クリーム	適量

作り方

❶ フードプロセッサーにかぼちゃのディップ、牛乳、白みそを加えて撹拌する。

❷ 器に盛り、生クリーム、乾燥パセリをのせる。

POINT! ディップから作ることでさらに時短に!

POINT! 甘みと塩味両方のバランスがよく味つけを失敗しづらく、さらにコクが出る。

「作り過ぎた料理」を簡単アレンジ

6品目 かぼちゃのパンケーキ

材料(2人分)

かぼちゃのスープ白みそ仕立て	180ml
ホットケーキミックス	100g
かぼちゃの煮つけの皮	80g
サラダ油	少々

〈かぼちゃシロップ〉

かぼちゃのスープ白みそ仕立て	大さじ4
メイプルシロップ	30ml
かぼちゃの煮つけの皮	適量

作り方

❶ ホットケーキミックスにかぼちゃのスープ白みそ仕立てを入れて混ぜ、かぼちゃの皮部分を粗みじん切りにしてタネに混ぜる。

POINT!
フワフワの生地の中にチョコチップのような食感がアクセントになる。

❷ 温めたフライパンにサラダ油をひく。生地を流し入れ、フタをして、両面合わせて3分ほど焼く。

POINT!
ディップを作る際に入れたマヨネーズの作用で、タンパク質が固まりづらくなり生地がフワフワに！

❸ かぼちゃのスープ白みそ仕立てとメイプルシロップを混ぜて器に盛り、刻んだかぼちゃの煮つけの皮をのせる。

❹ 焼けたパンケーキを皿に盛りつけ、かぼちゃシロップを添える。

🇮🇹 ウル得マンタロウ 10分 アレンジ絶品イタリアン

「肉じゃが」
リレー進化レシピ4品!

肉じゃがはすでに味がついているので、細かい味つけをする必要がありません!

[1品目]
肉じゃがのカナッペ

[2品目]
ミネストローネ

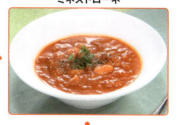

[4品目]
マルゲリータ

[3品目]
ニョッキ

「作り過ぎた料理」を簡単アレンジ

1品目 肉じゃがのカナッペ

材料（2人分）

肉じゃが	(具・300g、汁・100ml)
バゲット	8枚
クリームチーズ	50g
オリーブオイル	大さじ2
黒こしょう	少々
バジル	適量
仕上げ用オリーブオイル	適量

作り方

❶ 肉じゃがをザルにあげ、汁気を取る。ザルからボウルに肉じゃがの具を移す。※肉じゃがの汁は「ミネストローネ」に使用。

POINT!
香味野菜であるバジルを、和風の肉じゃがに入れると、一気にその香りでイタリアンに変身！

❷ <mark>バジル</mark>をキッチンバサミで❶のボウルに刻み入れ、バジルと一緒に肉じゃがの具をキッチンバサミで細かくする。

❸ オリーブオイルと黒こしょうで❷の味を調える。バゲットをまな板に並べる。

POINT!
風味づけはもちろん、パンに余計な水分がしみ込むのを防ぐ役割もあるので、べちゃべちゃにならない。

❹ バゲットに<mark>クリームチーズ</mark>を塗り、その上に❸をのせる。

❺ ❹をお皿に並べ、オリーブオイル適量、黒こしょうをかけて完成。

116

「肉じゃが」リレー進化レシピ④品!

2品目 ミネストローネ

材料(2人分)

カナッペ	4枚分
トマト缶(ダイストマト)	1缶
肉じゃがの汁	100ml
水	200ml
塩	少々
黒こしょう	少々
パセリ	少々

作り方

❶ 鍋にトマト缶を開け、火にかける。

❷ ①の鍋に、肉じゃがの汁(カナッペの①でザルでこしたもの)をプラスする。

❸ さらに水分を足すために、トマト缶に水を入れ、②に加える。

❹ カナッペを包丁でカットし、鍋に入れ、塩でお好みの味に調整。

❺ とろみが出たら、ミネストローネを器に盛りつけ、黒こしょう、パセリをちらして完成。

> **POINT!**
> 水を入れることで、トマト缶に残っていたトマトも余すところなく使える。

「作り過ぎた料理」を簡単アレンジ

3品目 ニョッキ

材料（2人分）

ミネストローネ（具）	100g	黒こしょう	少々
小麦粉	200g	塩	少々
オリーブオイル	大さじ2	イタリアンパセリ	適量
		粉チーズ	適量

作り方

❶ ザルにミネストローネをあげ、汁気をきる。鍋に塩を加えたお湯を沸騰させておく。

❷ ①で汁気をきったミネストローネの具と小麦粉をフードプロセッサーに入れ撹拌する。

POINT!
肉じゃがに入っているじゃがいもが、パスタの生地の素になっているので、そこに小麦粉を混ぜてゆでれば、簡単にニョッキに変身！

❸ ペースト状にしたミネストローネを、スプーンでニョッキに形成しながら鍋に入れていく。

❹ ゆで上がったニョッキをお皿に盛りつけ、オリーブオイルをかける。

❺ 黒こしょう、塩、刻んだイタリアンパセリ、粉チーズをかけて完成。

POINT!
ニョッキが鍋底から浮いてきたら、ゆで上がった目安。

「肉じゃが」リレー進化レシピ④品!

4品目 マルゲリータ

材料(1人分)

ニョッキ	4〜5個
オリーブオイル	適量
チーズ	適量
バジル	2〜3枚

作り方

❶ ニョッキをラップで包み、綿棒で伸ばす。

❷ オリーブオイルをひいたアルミホイルに①をのせて、チーズとバジルをのせる。

❸ 1000Wのオーブントースターで、5分焼いて完成。

「作り過ぎた料理」を簡単アレンジ

🇮🇹 ウル得マンタロウ 10分アレンジ絶品イタリアン

「ポテトサラダ」
リレー進化レシピ**4**品!

制限時間10分で余ったポテトサラダを違う料理に。次々とアレンジするリレーレシピを披露します!

【1品目】
揚げカルツォーネ

【2品目】
ヴィシソワーズ

【4品目】
プリン

【3品目】
カプレーゼ

「ポテトサラダ」リレー進化レシピ 4 品!

1品目 揚げカルツォーネ

材料(8個分)

ポテトサラダ……120g
ミックスチーズ……16g
餃子の皮……8枚
サラダ油……適量
〈ソース〉
ヨーグルト……大さじ3
にんにく(チューブ入り)……小さじ1/2
乾燥パセリ……少々
塩……小さじ1/2

作り方

① ボウルに入れたポテトサラダに、ミックスチーズを加えて混ぜる。
② まな板に餃子の皮を並べ、①のポテトサラダを餃子の皮で包み、水をつけて折る。
③ ②を少ないサラダ油で揚げ焼きにする。
④ ボウルにヨーグルト、にんにく、乾燥パセリ、塩を入れ、混ぜ合わせソースを作る。
⑤ ③と④を盛りつけて完成!

POINT!
②が半分浸かっているくらいでOK。

POINT!
味もついていて火も通っているので、こんがり焼き目がつけば完成。

2品目 ヴィシソワーズ

材料(1人分)

カルツォーネ……4個
牛乳……300cc
塩……小さじ1/2
粉チーズ……小さじ1
乾燥パセリ……少々

作り方

① 揚げカルツォーネ、牛乳、粉チーズ、塩をミキサーに入れる。
② ①を盛りつけて、乾燥パセリをちらして完成!

POINT!
ヴィシソワーズは、じゃがいもをゆでたり、潰したり、こしたりと、プロセスが多いメニュー。けれどポテサラをミキサーするだけで、すぐに完成!しかも揚げた皮の油がマイルドさとコクを出す。

「作り過ぎた料理」を簡単アレンジ

3品目 カプレーゼ

材料（2人分）

ヴィシソワーズ	50cc	塩	少々
木綿豆腐	70g	粗びきこしょう	少々
酢	大さじ1/2	トマト	1個
オリーブオイル	大さじ1	大葉	5枚程度

作り方

① ボウルに入れたヴィシソワーズに、キッチンペーパーで水気をきった木綿豆腐を潰しながら入れ、酢、オリーブオイル、塩、粗びきこしょうを加える。

② トマトを薄くスライスし、大葉を細かく刻む。

③ お皿に②のトマトを並べ、①のソースをかけ、②の大葉をちらして完成！

POINT!
ギュッと潰すことで、水分がなくなり、まるでモッツァレラチーズのようなモチモチな食感に。

POINT!
すでに2つのチーズが入っていて、カルツォーネの皮も含まれているので、ほどよいとろみが！

「ポテトサラダ」リレー進化レシピ 4 品!

4品目 プリン

材料（1人分）

ヴィシソワーズ	130cc	バナナ	1本
卵	1個	はちみつ	適量
砂糖	大さじ2	しょうゆ	適量
バニラエッセンス	2〜3滴	ココアパウダー	適量

作り方

❶ ヴィシソワーズ、卵、砂糖、バニラエッセンスをミキサーで混ぜる。

❷ バナナを刻む。

❸ 耐熱皿に刻んだバナナ、①のミキサーで混ぜたものを入れて、ラップをし、600Wの電子レンジで2分加熱。

❹ はちみつにしょうゆを入れ、ソースを作る。

❺ ③のプリンを器に盛り、④のソース、ココアパウダーをかけて完成!

POINT!
はちみつにしょうゆを入れて混ぜると、簡易カラメルソースのできあがり!

「コンビニ食材」が本格ディナーに!

✗ "鉄人に勝利したフレンチの実力者" 加賀田シェフの格上げレシピ

チキンdeビーフシチュー

サラダチキンと肉じゃがで、お店の看板メニューのビーフシチューを作ります!

1人前
約276円

材料(2人分)

【コンビニ食材①】肉じゃが	1袋
【コンビニ食材②】サラダチキン	1切れ
【コンビニ食材③】コンビーフ	1/4缶
【コンビニ食材④】キャラメル	1個
【コンビニ食材⑤】サンドイッチ(ベーコン・レタス・トマト)パン2枚、ベーコン	1個
【コンビニ食材⑥】赤ワイン(ミニボトル1本)	250ml
【コンビニ食材⑦】野菜ジュース	100ml
にんにく(チューブ入り)	小さじ1
バター	10g
塩	少々
コーヒーフレッシュ	1個
乾燥パセリ	少々

チキンdeビーフシチュー

作り方

❶ フライパンを火をかけ、赤ワイン、にんにく、コンビーフ、肉じゃがの中のじゃがいも、半分に切ったサラダチキンを入れて煮詰める。

❷ ミキサーに、①の残りの肉じゃがと野菜ジュースを入れ、撹拌。撹拌時間は約1分半。

❸ ①のフライパンから、サラダチキンとじゃがいもを取り出し、②をフライパンに入れ、ソースに合わせて30秒ほどかき混ぜる。
※水（適量）を入れて、ソースの濃度を調整する。

❹ ③の火をとめ、ザルでこす。

❺ ④をフライパンに戻しキャラメルを加えて煮溶かす。

❻ サンドイッチからパン2枚とベーコンを抜き取り、つけあわせ用にじゃがいもと共にオーブントースターで焼く。

❼ サラダチキンを再びフライパンに戻し、ひと煮立ちしたら皿に盛る。

❽ ⑦のフライパンのソースに冷たいバター、塩を加えて、デミグラスソースの完成。

❾ ⑦の肉の上に⑧のソースをたっぷりかけ、じゃがいも、ベーコン、コンビーフ、トーストしたパンを添え、コーヒーフレッシュをかけて、乾燥パセリを振り完成！

POINT!
通常は牛肉を一晩漬け込んで肉のうま味を引き出すが、コンビーフで時短！煮詰めてうま味を凝縮させる。

POINT!
デミグラスソースは、玉ねぎ、にんじんなどの香味野菜をじっくり煮込んで作るが、すでに野菜が煮込まれている肉じゃがと野菜ジュースで再現できる。

POINT!
こすことでソースに艶が出て、舌触りが格段に変わる！

POINT!
通常、野菜などをオーブンで4時間くらいローストすることで"甘み"と焦げた"香ばしさ"を作り出すが、キャラメルなら1分煮込めばOK！

加賀田シェフ POINT!
香ばしい甘みのキャラメルは、煮物やオニオングラタンスープ、トマトソースなどにも使える。

加賀田シェフ POINT!
ビーフシチューの肉とサラダチキンは、繊維感がすごく似ていて、食べた時の食感が、そっくり！

「コンビニ食材」が本格ディナーに!

✕ サイゲン大介流格上げレシピ

魚介のうま味がたまらない!
本格パエリア

1人前
約294円

フライパンひとつで完成! おにぎりとアサリのみそ汁で、本格パエリアを作ります。

材料(2人分)

【コンビニ食材①】鮭おにぎり	2個
【コンビニ食材②】おつまみの焼きイカ	25g
【コンビニ食材③】アサリのみそ汁	1個
【コンビニ食材④】カップスープ(エビのクリームスープ)	100ml
【コンビニ食材⑤】野菜ジュース	50ml
【コンビニ食材⑥】トマトサラダ	1個
【コンビニ食材⑦】おつまみのエビの素揚げ	15g
【コンビニ食材⑧】カレーせんべい	1枚
にんにく(チューブ入り)	大さじ2
オリーブオイル	小さじ1

魚介のうま味がたまらない！本格パエリア

作り方

❶ フライパンにオリーブオイル、にんにくを入れ加熱。

❷ 鮭おにぎりをほぐしながら良く焼く。

❸ エビのクリームスープを規定量より少し多めのお湯（200ml）で溶かし、半分を②へ投入。

❹ ③に野菜ジュースを入れる。

❺ ④にカレーせんべいを潰し入れ、軽くかき混ぜる。

❻ ⑤にエビの素揚げ、焼きイカ、みそ汁のアサリを入れる。

❼ ⑥にサラダのトマトと玉ねぎ、とうもろこしを入れ、カップみそ汁についていた万能ねぎを振りかける。

❽ 水分を飛ばして、完成！

POINT!
米の一粒ひとつぶにしっかり焼き目を入れることで、パエリアの香ばしさ＆モチッとした食感を再現！

POINT!
魚介のうま味、エキスがぎゅっと詰まっているので、これが濃厚な味を生む。

POINT!
野菜のうま味とコクを野菜ジュースでプラス。

サイゲンPOINT!
ターメリックでコクと深みを増し、色もパエリアの黄色に染まる。お米のでんぷんが外に流れ出てベタベタにならないように、極力かき混ぜないこと！

「コンビニ食材」が本格ディナーに!

"イタリア料理界の主婦のカリスマ"加藤シェフ流の格上げレシピ

そうめんと明太ポテトサラダで作る野菜がおいしい!冷製カッペリーニ

包丁は一切使わず、明太ポテトサラダをバーニャカウダソースに変身させます!

1人前 約290円

材料(2人分) ※バーニャカウダソースのみ4人分

【コンビニ食材①】コンビニそうめん……1個
【コンビニ食材②】(付属のめんつゆ)……小さじ1
【コンビニ食材③】トマトジュース……大さじ5
塩………少々
ベビーリーフ………少々
オリーブオイル………大さじ1

〈バーニャカウダソース〉
【コンビニ食材④】明太ポテトサラダ…1個
【コンビニ食材⑤】にんにく(チューブ入り) 小さじ2
【コンビニ食材⑥】牛乳………大さじ3
オリーブオイル………小さじ1
しょうゆ………大さじ1
水………120ml

そうめんと明太ポテトサラダで作る野菜がおいしい！冷製カッペリーニ

作り方

❶ 耐熱容器にトマトジュース、めんつゆを加え、800Wの電子レンジで40秒温める。

❷ ①を氷水で冷まし、塩を加えてトマトソースが完成。

❸ コンビニそうめんをそのままトマトソースに入れてしっかりからめる。

❹ 冷やしたお皿に③とベビーリーフを多めに盛りつける。

<バーニャカウダソース作り>
❺ 鍋に、にんにく、オリーブオイル、牛乳、しょうゆを入れ、中火で水分がなくなるまで煮詰め、水を加える。

❻ 明太ポテトサラダを手でしっかりもみ潰して、⑤に加え、混ぜながら沸騰させる。

❼ ⑥をボウルに取り、氷水で冷ませばバーニャカウダソースのできあがり。

❽ ④に、バーニャカウダソースをかけ、オリーブオイルをちらせば完成。

加藤シェフPOINT!
電子レンジで温めることでトマトジュースのドリンク感がなくなり、野菜感がグッと出てくる。ただし酸味がきつくなるため、それを和らげるためにめんつゆを。トマトのグルタミン酸と、かつおだしのイノシン酸、それぞれのうま味成分が相乗効果を生み、おいしくなる。

加藤シェフPOINT!
このソースにスパゲッティを和えるとナポリタンに。またこれに塩を加えることで、そうめんの粉臭さも消してくれる。

加藤シェフPOINT!
明太ポテトサラダの明太子でイワシの魚介の香りを、しょうゆで発酵食品の香りと塩味をプラスしアンチョビを再現。

「コンビニ食材」が本格ディナーに!

✕ サイゲン大介流格上げレシピ

鍋もフライパンも不要!
揚げないカニクリーム風コロッケ

冷凍枝豆とあたりめでカニの味がサイゲンできます!

1人前
約221円

材料(2人分) ※カニ風味だしは4人分です

〈カニ風味だし〉
- 【コンビニ食材①】冷凍枝豆………50g
- 【コンビニ食材②】あたりめ………5g
- 水………100ml
- 【コンビニ食材③】カニスティック…1.5本
- 【コンビニ食材④】食パン(6枚切り)…1枚
- 牛乳………大さじ2
- バター………8g
- 【コンビニ食材⑤】クラッカー………適量

〈トマトソース〉
- 【コンビニ食材⑥】トマトサラダ………1個
  ※使用はトマトのみ
- 塩………2つまみ
- こしょう………少々
- オリーブオイル………大さじ1/2

鍋もフライパンも不要! 揚げないカニクリーム風コロッケ

作り方

① 冷凍枝豆の両端部分を切る。

POINT!
冷凍枝豆のほうが、冷凍により皮の細胞が壊れているので、だしが出やすくなる。さらに両端を切ることで皮からだしをより出やすくする。

② あたりめをキッチンバサミで細かくカットする。

POINT!
温めたことでさらに香りが立つ!

③ 枝豆とあたりめを耐熱容器に入れ、水を加えて10分浸し、600Wの電子レンジで5分温める。カニ風味だしの完成!

サイゲンPOINT!
枝豆＋あたりめとカニだしの味覚の数値を分析すると、ほぼ一致する!

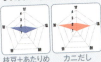

枝豆＋あたりめ　　カニだし

※このだしを沸騰させごはんと卵を加えれば簡単カニ風味雑炊もできる。

④ 食パンの耳は手で取りのぞき、密閉袋にちぎって入れる。さらに牛乳、バター、③のカニ風味だしを加える。

サイゲンPOINT!
食パンには小麦粉が含まれているため、牛乳とバターを合わせることでホワイトソースをサイゲンすることができる。

⑤ 手でほぐしたカニスティックを加え、よく混ぜ合わせる。

⑥ クラッカーをポリ袋に入れ、粗く手で潰しバットに出しておく。

サイゲンPOINT!
カニの食感をサイゲンすることができる。

⑦ ⑤をスプーン2本を使って成形し、タネの周りに砕いたクラッカーをまぶす。

POINT!
クラッカーはほどよく油分を含んでいるので、砕いて周りにつけて焼くと、サクサクの衣になる。

⑧ トースター(250度)の天板にアルミホイルを敷き、コロッケを並べて片面3分ずつ焼く。

⑨ 皿に、サラダの葉物を盛り、コロッケをのせ、トマトソースを飾りつける。

【トマトソースの作り方】

❶サラダに入っているトマトを耐熱容器に入れ、ラップをして600Wのレンジで2分加熱する。
❷スプーンでつぶして、塩・こしょう、オリーブオイルを加えて混ぜ合わせる。

「コンビニ食材」が本格ディナーに!

✘ "イタリアンの鬼才の後継者" 安藤シェフ流の格上げレシピ

10分で完成!ハンバーグとクロワッサンで作る本格ラザニア

まな板や包丁は使わず、ボウルとスプーンで作る本格イタリアンです!

1人前 約251円

材料(2人分)

【コンビニ食材①】肉じゃが	1個(パウチ状のもの)
【コンビニ食材②】チーズ入りハンバーグ	1個(パウチ状のもの)
トマトケチャップ	大さじ2
【コンビニ食材③】クロワッサン	2個
とろけるチーズ	2枚
乾燥パセリ	適量

作り方

① チーズ入りハンバーグと肉じゃがをボウルにあけ、スプーンでひと口大に潰す。

② ①にトマトケチャップを入れ、混ぜる。

③ クロワッサンを層に沿って開き、1枚の生地のようにする。

④ 耐熱皿に開いたクロワッサン、②の具、開いたクロワッサン、②の具の順番で重ねて層にし、とろけるチーズをのせる。

⑤ アルミホイルをかけて1000Wのオーブントースターで5分、はずして3分焼く。

⑥ チーズに焼き目がついたらオーブンから⑤のラザニアを取り出し、最後にお好みで乾燥パセリを振りかける。

安藤シェフ POINT!
肉じゃがはラザニアとほとんど材料(にんじん・じゃがいも・エ(玉)ねぎ)が一緒のため、これだけで材料が一通り揃うことに！

安藤シェフ POINT!
ケチャップを加えるとミートソースのような味わいになり、グッとイタリアンな味に近づく。

安藤シェフ POINT!
クロワッサンを開いてラザニアのパスタの層の代わりにする。生地の目が粗いため、ソースが十分に浸透し、焼き上がった時にモチモチの食感に。

安藤シェフ POINT!
アルミホイルをかけて焼くことにより、チーズが焦げついてしまうことを防ぎ、また中まで全体に均等に火が通るので、おいしく仕上がる。

「コンビニ食材」が本格ディナーに!

✘ サイゲン大介流格上げレシピ
10分で完成! 本格海鮮チヂミ

包丁もまな板も使わず、本当にお手軽で、お店のような味のチヂミを作ります!

1人前 約196円

材料(2人分)

【コンビニ食材①】コンビニ冷やし中華 醤油ダレ	1個
(中華麺・きゅうり・チャーシュー・錦糸卵・中華クラゲ・わかめ)	
【コンビニ食材②】カップスープ(クラムチャウダー味)	1個
【コンビニ食材②】カニスティック	1本
ごま油	少々
〈ノーマルダレ〉	
冷やし中華のタレ	全量の1/2
にんにく(チューブ入り)	少々
ごま油	小さじ2
〈チーズダレ〉	
冷やし中華のタレ	全量の1/2
とろけるチーズ	2枚

134

10分で完成! 本格海鮮チヂミ

作り方

〈生地作り〉

❶ 冷やし中華の麺、具、クラムチャウダーのスープの粉末を密閉袋に入れ、麺の原型がわからなくなるまでもみ込む。約5分もめば生地状に。さらにカニスティックを入れ、もみ込んでいく。

サイゲンPOINT!
クラムチャウダーを使用することで、アサリや貝柱が具になり海鮮感が格段とアップする! さらにモチモチ成分のでんぷんが含まれているカニスティックを入れることで、お店で食べるような海鮮感のある本格的なモチモチ食感のチヂミに近づく!

❷ ①を火のついていないフライパンに入れ、ラップを使ってフライパンの上で生地を薄くのばす。

サイゲンPOINT!
フライパンの中で生地をのばすことで、きれいに均等に薄くのばすことができる。

❸ 火をつけ、②の生地の周囲に、ごま油を入れる。

❹ ここで2種類のソースを作る

〈ノーマルダレ〉
中華ダレ半量、ごま油、にんにくを入れ混ぜ合わせる。お好みでラー油を垂らしてもピリ辛でおいしくなる。

〈チーズダレ〉
残りの中華ダレに、とろけるチーズを加え、ラップをし、600Wの電子レンジで20〜30秒加熱し、よく混ぜる。

※電子レンジにより加熱具合が違うので様子を見ながら加熱してください。

❺ ③の生地を5分ほど経過したらひっくり返し、もう片面をこんがり焼き目がつくまで焼く。④で作った2種類のソースを添える。

冷やし中華チヂミ 味変アレンジレシピ
クラムチャウダーの代わりにスンドゥブチゲの粉末スープを使用すると、ピリ辛味のチヂミになり、アサリの旨みも引き立つ一品に!

「コンビニ食材」が本格ディナーに!

"新進気鋭の魚介フレンチの求道者"目黒シェフ流の格上げレシピ
フィッシュバーガーのスープ・ド・ポワソン

通常は5時間かかる本格フレンチを5つのコンビニ食材で再現します!

1人前 約270円

材料（4人分）

【コンビニ食材①】フィッシュバーガー	2個
【コンビニ食材②】わかめスープ	4袋
【コンビニ食材③】トマトジュース	200ml
【コンビニ食材④】おでんのつみれ（※材料にイワシを含むものを使用）	2個
【コンビニ食材⑤】エビ風味スナック	38g
熱湯	720ml
塩・こしょう	各少々
パルメザンチーズ	適量
〈ソース〉	
にんにく（チューブ入り）	3g
マヨネーズ	50g
オリーブオイル	5ml

フィッシュバーガーのスープ・ド・ポワソン

作り方

❶ わかめスープを鍋に入れ、熱湯を入れて温める。

❷ ①をザルでこし、こしたわかめの水分をさらにスプーンでこし、エキスを絞り出してから、みじん切りにする。

❸ にんにく、マヨネーズの少量をボウルに入れ、よく混ぜてから、みじん切りにしたわかめを加え混ぜ、オリーブオイルを加えて軽く混ぜ、アイオリソースを作る。

❹ フィッシュバーガーを分解し、フィレを外す。タルタルのついた面と側面の四方を切り取り、衣のついていない面を軽く熱したフライパンで、表面の衣部分の油を抑えて取りながら、==こんがりと焼く。==

❺ 分解したバンズの上部を5〜6mm程度にスライスし、天板に広げて並べ、トースターで2分焼く。

❻ ==①でこしたわかめスープのスープ、トマトジュース、焼いたフィレ、おでんのつみれ、エビ風味スナック==を鍋に入れ、ブレンダーもしくはミキサーで撹拌。中火にかけ、塩・こしょうで味を調え、器に盛りつける。仕上げに、オリーブオイル（分量外約10ml）、パルメザンチーズをかける。

❼ バンズと③で作ったソースは、別添えする。

目黒シェフPOINT!
表面に焼き色がつけば、香ばしさと、うま味が生まれ、それがスープに移る。

目黒シェフPOINT!
スープ・ド・ポワソンは、小魚を丸ごと焼いて作る、魚介のうま味がぎゅっと詰まった濃厚な南フランスの定番スープのこと。ここで使ったわかめスープ、つみれ、エビ風味スナックには、魚介や甲殻類のエキス、風味がしっかり含まれてるので、これらで代用できる。

「コンビニ食材」が本格ディナーに!

✖ サイゲン大介流格上げレシピ
サンドイッチの本格キッシュ

サクッ、フワッのキッシュを、お手軽に、トースターだけで作ります!

1人前 約213円

材料（4人分）

【コンビニ食材①】サンドイッチ（ハム・チーズ・レタス）	4個(2袋)
【コンビニ食材②】ドライソーセージ	3本
【コンビニ食材③】きのこのカップスープ	150ml
【コンビニ食材④】タラ風味チーズ	5本
バター	10g
卵	2個
粉チーズ	小さじ1
黒こしょう	少々
お湯	150ml

サンドイッチの本格キッシュ

作り方

❶ サンドイッチを開いて具材を外し、パンをまな板に並べ、ラップをかけて、めん棒で薄くのばす。

POINT!
キッシュのパイ生地を、サンドイッチのパンで代用。しっかり伸ばし、平らにすることがポイント。

❷ バターを600Wの電子レンジで30秒程度加熱し、溶かしバターにする。❶でのばしたパン全体に塗って、バターを塗った面を下にして器に敷き詰め、上からも溶かしバターを塗り、オーブントースターで5分空焼きする。

POINT!
バターを塗ることで、パン同士がくっつき、パイ生地のようになる。

POINT!
ベーコンの燻製されたような香り、うま味を、ドライソーセージで再現。

❸ ❶で外したサンドイッチの具(ハム、チーズ、レタス)を、ひと口大に切る。さらにドライソーセージを細かく刻む。

❹ ボウルに卵を割り入れて混ぜ、卵液を作る。そこに❸の具、粉チーズを入れてよく混ぜる。

POINT!
空気を入れるように、卵をとくことで、ふわっとした食感に。また、具の中のマヨネーズで、卵がさらにフワフワに。

❺ ❹にお湯で溶いたきのこのカップスープ、黒こしょうを加えてよく混ぜる。

❻ 空焼きした❷のキッシュの台に、❺の卵液を流し入れ、刻んだタラ風味チーズを上にちらし、1000Wのオーブントースターで約10分程度、焼きあげる。

サイゲンPOINT!
きのこのカップスープには、野菜を炒めた時に出るうま味が、たっぷりと入っている。さらにクリームパウダーが、生クリームと牛乳の代わりをしてくれるので、クリーミー感もプラス!

❼ トースターから出して粗熱を取り、切り分ける。

サイゲンPOINT!
これもうま味がアップする食材。

「スイーツ」もオリジナル得ワザで大変身!

✘ カミナリ様のすぐ作れる得ワザジュース

メロンのワタを水切りネットで絞れば、絶品メロンソーダができる!

材料(3〜4杯分)

メロンのワタ… メロン1個分(Lサイズ程度)
水切りネット…………………1枚
市販のサイダー…500〜600ml

> メロンは種の周りに栄養が集まっているため、実の部分よりワタのほうが甘いんです。

作り方

① メロンの<mark>ワタの部分</mark>を取る。

② ワタと種の部分を<mark>水切りネット</mark>に入れて、スプーンで押して、こすように絞り出す。

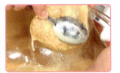

③ 市販のサイダーをコップに注ぎ、サイダー3対②のしぼり汁1の割合で入れる。

カミナリ様 POINT!
糖度計で測ってみると、実とワタの差はおよそ1.5倍!

実の糖度 10.0 < ワタの糖度 15.2

POINT!
水切りネットは、スーパーやコンビニで入手可能。網目や大きさなど、どのタイプでもOK!

得ワザロボット 得損 超合金のしなびたイチゴを新食感スイーツに!

しなびたイチゴは炭酸飲料に漬けておくだけで新食感スイーツに変身!

材料

イチゴ	1パック分
密閉袋	1
炭酸水	500ml

番組史上、最高の絶賛じゃないですか?これ!

作り方

1. イチゴのヘタを取り、水で洗ったら水気を拭き取り密閉袋に入れる。
2. 炭酸水をイチゴが浸るくらい入れる。
3. ②の空気を抜く。
4. ③を冷蔵庫に入れ1時間漬ける。

POINT!
炭酸飲料ならなんでもOK!

POINT!
しっかり浸透させるためと実が破裂するのを避けるためにも空気は必ず抜いて。

得ワザロボット 得損 超合金POINT!
メロンなら3時間、スイカなら2時間、切った状態で炭酸水に漬ければOK。みかんなら皮ごと3時間で、シュワシュワに。ただし水分が少なめな果物は、浸透しにくい場合があるので注意!

POINT!
炭酸がイチゴに浸透したおかげで、シュワシュワ食感になる。

桝えもんオススメ 家族で楽しめる科学の得ワザ

たった2枚の密閉袋を振り回すだけで、30秒でジェラートが作れる

科学の力って知っていると便利ですよ!

材料 (2人分)	
牛乳	100ml
砂糖	大さじ1
バニラエッセンス	少量
塩	適量
氷	適量

たった2枚の密閉袋を振り回すだけで、30秒でジェラートが作れる

作り方

❶ 密閉袋に牛乳、砂糖、バニラエッセンスを入れ、なるべく空気を出して閉じる。

❷ ①よりも大きめの密閉袋に、塩1対氷5の割合で入れ、氷に塩をなじませる。

❸ ①の袋を②の氷の中に入れ、できるだけ空気を抜いて閉じる。

❹ さらに③の密閉袋をポリ袋の中に入れ、これをタオルで包み、両端を輪ゴムでとめる。

POINT!
氷は、溶ける際に周囲の熱を奪う。そのため氷が溶けると、材料の熱を奪い、代わりに材料が冷やされる。しかも氷に塩を入れると、氷の溶けるスピードが早まるので、材料が早く冷えることになる。

❺ 両端を2人で持ち、長縄跳びを回すように30秒振り回せば完成。

桝えもんPOINT!
振り回すことで遠心力が働き、①のジェラートの材料が外側に押しつけられ、より氷に密着し冷えやすくなる。※量を倍にしたら回す時間も倍の60秒に。また振り回す際は、十分な広さのある場所で行うこと。

❻ ⑤を盛りつけてお好みでミントを飾る。

材料を変えて、他の味も楽しめます。
・牛乳100ml＋クッキー4枚 ➡ クッキー&クリーム味ジェラート
・オレンジジュース100ml ➡ オレンジ味ジェラート

ウル得マンの親子で作れる簡単スイーツ
材料2つで作れる！簡単スイートポテト

とっても簡単に作れます!!

材料 (10個分)	
さつまいも	中1本(180g)
プリン	1個(70g)
デコペン、カラフルチョコレートなど	適量

材料2つで作れる！簡単スイートポテト

作り方

❶ さつまいもを2つに割ってラップで包み、600Wの電子レンジで5分加熱する。

❷ ①の皮を手でむき保存袋の中に入れ、もんで潰す。その中に**プリン**を入れ、さらにもんで混ぜる。

> **ウル得マン POINT!**
> プリンには、スイートポテト作りに必要な砂糖、卵、生クリームなどが入っているので、プリンを使えば時短ができるうえに、簡単においしく味つけをすることもできる！

❸ ②の袋の端を切ってカップに盛りつけ、トースターで10分焼き上げる。

❹ お好みでデコペンやカラフルチョコレートなどをトッピングする。

タマミちゃんの梅雨の時期に知っておくと便利！

フワフワモチモチなフレンチトーストは、おせんべいを使えば10分で作れる！

外はカリッ、中はモチモチな食感が楽しめます。

材料（1人分）

ソフトおせんべい	4枚（甘みのあるソフトおせんべいがオススメ）
卵	1個
牛乳	大さじ3
砂糖	大さじ1
バター	5g
ミックスベリー	適量
ホイップクリーム	適量
メープルシロップ	適量
粉砂糖	適量

「スイーツ」もオリジナル得ワザで大変身！

フワフワモチモチなフレンチトーストは、おせんべいを使えば10分で作れる!

作り方

❶ 卵を割り、フォークで白身を切るようにかき混ぜる。

> **POINT!**
> 卵液がおせんべいに、しみ込みやすくなる。

❷ ①に牛乳と砂糖を入れ、さらにかき混ぜる。

> **POINT!**
> 湿気ったおせんべいの水分をレンチンすることで水分は加熱され蒸発し、乾燥状態になる。

❸ おせんべいの塩気をキッチンペーパーで取り、お皿に並べ、ラップをかけて600Wの電子レンジで約30秒温める。

> **POINT!**
> レンチンした乾燥状態のカラカラのおせんべいは、卵液がしみ込みやすくなる。
>
>
>

❹ レンジから取り出したおせんべいを卵液に5分間浸す。パチパチと卵液がおせんべいに浸っている音がしなくなったら、おせんべいをひっくり返す(片面2分30秒を目安にひっくり返す)。

❺ フライパンにバターを入れ溶かす。

❻ バターが溶けたら火加減を弱火にし、④の卵液に浸したおせんべいを2枚重ねにしフライパンに入れ、フタをして焼き色がつくまで焼く。

> **タマミちゃん POINT!**
> 2枚重ねて焼くことで外側はカリッと、内側はモチモチの2種類の食感が楽しめる。
>
>

❼ 片面に焼き色がついたら裏返し、もう片方も焼き色がつくまで焼く。

❽ 2枚重ねにして焼いたおせんべいを4枚に重ねて盛りつけ、お好みでミックスベリーとホイップクリームを添え、メープルシロップをかけ、粉砂糖を振る。

> **タマミちゃん POINT!**
> おせんべいのうるち米にも、モチモチ感を作るアミロペクチンという成分が入っているため、卵液がおせんべいに十分浸透したことで、食感がフレンチトーストに近づく。

「知っ得！便利レシピ」で節約&時短

✘ おにぎり
女性や子どもに人気の進化系梅おにぎり

材料（1個分）

ごはん	150g
梅干し	14g
レーズン	9g
刻みしょうが	小さじ1/2
オリーブオイル	少々
しょうゆ	少々
のり	適量

作り方

❶ 種を取り出した梅干しとレーズンを刻んでボウルに入れ、刻みしょうが、オリーブオイル、しょうゆを加えて混ぜる。

❷ ごはんの中央に①をのせ、包み込むようににぎる。

❸ ②のおにぎりを、のりで巻く。

POINT!
隠し味のオリーブオイルが、味をまとめてくれる。

148

✗ おにぎり

インスタ映えすると話題！
開けてびっくり！ スイカおにぎり

材料（1個分）	
ごはん	150g
キムチの汁	12g
黒ごま	適量
青のり	適量
のり	適量

作り方

❶ ごはん(60g)をボウルに入れ、キムチの汁と黒ごまを加えて混ぜ、丸く成形する。

❷ 残りのごはん(90g)の中央に①をのせ、包むようにぎる。

❸ ②の表面全体に青のりをまぶし、細切りにしたのりをところどころ貼る。

POINT!
スイカの種を黒ごまで、縞模様をのりで再現！

「知っ得！便利レシピ」で
節約＆時短

ウル得マンが考案！
冷蔵庫の余り物で作れる大人の味。静岡の郷土料理、泣き飯風おにぎり

材料（1個分）

ごはん	150g
かつおぶし	5g
（外側用3g／内側用2g）	
しょうゆ	小さじ1
わさび（チューブ入り）	3g
※子ども用は1gで作っています	
（お好みで調整してください）	
昆布茶	少々

作り方

❶ かつおぶし（内側用2g）、しょうゆ、わさび、昆布茶をボウルに入れて混ぜる。

❷ ごはんの中央に❶をのせ、包むようににぎる。

❸ ❷の表面全体にかつおぶし（外側用3g）をまぶす。

POINT!
泣き飯とは静岡の郷土料理。伊豆地方名産のわさびとしょうゆ、おかかを和え、ごはんにのせたもの。

POINT!
昆布茶が隠し味！

古くなったお米が新米のように甘くモチモチ！
おいしくするにはもち米を混ぜて炊く

材料
古いお米…9/10カップ(135g) 　もち米…1/10カップ(15g)

作り方

1
古くなったお米と、もち米を、9対1の割合で混ぜる。

2
お米を洗ったら、冷たい水に浸して30分冷蔵庫に入れる。

3
そのあとは、通常通り炊飯器で炊くだけ！

POINT!
低い温度から、一気に加熱すると、炊き上がりのごはんがふっくらもっちりに！

POINT!
もち米のモチモチ食感のもとであるアミロペクチンが全体にいきわたることで、古いお米もモチモチになる。

これがもち米パワーです！
by お米のQ太郎

「知っ得！便利レシピ」で節約＆時短

ウル得マン 30分 クッキング

余りがちな「お餅」で6変化!

- 1品目 餅春巻き
- 2品目 餅牛串カツ
- 3品目 餅ピザ
- 4品目 餅とん平焼き
- 5品目 餅チーズタッカルビ
- 6品目 チョコ餅フォンデュ

余ったお餅と水だけで作れる万能ラクラク食材「溶かし餅」を使えば、揚げもの・焼きもの・スイーツなどのちょっと面倒な料理も簡単に、しかもおいしく作れます！幅広いメニューに変身するので知っておくとかなり便利！

「お餅」の知っ得ワザ

「基本」美味テクニック「焼き餅」

▶時間が経ちヒビが入ってしまったお餅をそのまま焼くと、下に膨らみ焼き網などにくっつきがち。焼く前にしょうゆを垂らすと、塗った部分から膨らむのでキレイに焼くことができる。しょうゆが下味代わりにもなる一石二鳥の得ワザ！

材料(4人分) 餅…4個 しょうゆ…3滴 (1個につき)

作り方
① 冷凍庫のお餅を、ラップをせずに600Wの電子レンジで30秒解凍する。
② 上面にしょうゆを3滴ほど塗って焼く。

通常 ／ 得ワザ

さらに知っ得！いろいろな料理に使える「溶かし餅」

▶お餅と水だけで作れる簡単ワザながら、まるで「とろろ」のような柔らかさで、小麦粉代わりの生地作りや料理にフワトロ食感をプラスするのに便利！これ一つで料理の幅が広がる。

材料 ※串カツ、ピザ、とん平焼き、フォンデュに使用します
餅…3個　水(先入れ)…150ml　水(後入れ)…100ml

作り方
① 耐熱ボウルに餅3個と水150mlを入れる。

② ラップをかけ、600Wの電子レンジで3分温める。

③ レンジから出し、水100mlを足しよく混ぜる。

152

余りがちな「お餅」で6変化!

1品目 餅春巻き

材料（2本分）

餅	1個
春巻きの皮	2枚
辛子明太子	1/2腹
大葉	2枚
ピザ用チーズ（ナチュラル）	10g
揚げ油	800ml

作り方

1. 餅を縦に4等分に切り、大葉と明太子を縦半分に切る。
2. 春巻きの皮に切った餅2本、明太子、大葉、チーズをのせ巻く。同様にもう1枚も巻く。
3. 鍋に揚げ油を入れ火にかけて、すぐに春巻きを入れ、きつね色になるまで揚げる。

POINT!

油を熱する前に春巻きを入れるとじっくり熱が入り、中に火が入る前に表面の皮の部分が先に焦げてしまう心配がなくなる。

2品目 餅牛串カツ

材料（2本分）

牛もも肉	10g×8切
玉ねぎ	1.2cm 厚×6切（1/10個分）
溶かし餅	100g
パン粉	98g
揚げ油	適量
竹串	2本

作り方

1. 竹串にカットした牛もも肉（4切）と玉ねぎ（3切）を交互に刺していく。同様にもう1本作る。
2. 串に刺さった牛もも肉と玉ねぎに、まんべんなく溶かし餅をつける。
3. ②にパン粉をつけ、熱した揚げ油に入れてきつね色になるまで揚げる。

ウル得マンPOINT!

溶かし餅のネバネバをつなぎとして代用。小麦粉と卵の代わりに使うと、サクサクの食感と揚げ餅せんべいのような香ばしさが!

「知っ得!便利レシピ」で節約&時短

3品目 餅ピザ

材料（1枚分）
溶かし餅	50g
顆粒だし（カツオだし）	小さじ1
※溶かし餅200gに対しての量です	
ベーコン	1枚
玉ねぎ（薄切り）	1/6個分
ピザ用チーズ	20g
ケチャップ	20g
タバスコ	適量
小麦粉	40g
水	50ml
サラダ油	適量
バジル	2枚

作り方

❶ 小麦粉に水を入れて混ぜ、そこに、溶かし餅に顆粒だしを入れたものを混ぜ合わせる。

❷ フライパンにサラダ油をひき❶を入れ、両面を焼く。

❸ 両面焼けたら、くしゃくしゃにしたアルミホイルの上にのせ、ケチャップとタバスコをかけて伸ばす。

❹ カットしたベーコン、玉ねぎ、チーズ、バジルをのせ、1000Wのトースターで6分程度焼く。

ウル得マンPOINT!
溶かし餅がピザ生地の代わりになるので手間をかけずに膨らむ。仕上がりもチーズと合わさりさらにトロトロ食感に!

POINT!
生地とアルミホイルの間にすきまが生まれくっつきにくくなり、食べるときに剥がしやすい。

4品目 餅とん平焼き

材料（1枚分）
溶かし餅	150g
顆粒だし（カツオだし）	小さじ1
※溶かし餅200gに対しての量です	
豚ばら肉	4枚
卵	2個
お好みソース	適量
マヨネーズ	適量
青のり	適量
サラダ油	適量

作り方

❶ 溶かし餅（200g）に顆粒だしを入れ混ぜ、そこから150gを分け、卵を入れて混ぜる。（50gは「餅ピザ」に使用）

❷ フライパンにサラダ油をひき、適度な大きさにカットした豚ばら肉を焼く。そこに❶を入れさらに焼く。

❸ 両面に焼き目がついたら、お皿に盛り、お好みソース、マヨネーズ、青のりをかける。

ウル得マンPOINT!
とん平焼きの生地は通常小麦粉と卵で作るが、溶かし餅でトロトロ食感になり、口に入れるとフワッと消える。

余りがちな「お餅」で6変化!

5品目 餅チーズタッカルビ

材料 (2人分)

餅	2個
鶏もも肉	200g
牛もも肉	200g
キャベツ	1/8玉
玉ねぎ	1/4個
にら	1/4束
砂糖	20g
しょうゆ	大さじ2
みりん	大さじ2
にんにく(チューブ入り)	少々
しょうが(チューブ入り)	少々
コチュジャン	50g
すりおろし玉ねぎ	1/4個
サラダ油	少々
ピザ用チーズ(ナチュラル)	100g
ピザ用チェダーチーズ	60g

作り方

❶ ボウルにひと口大に切った鶏もも肉と牛もも肉を入れ、砂糖、しょうゆ、みりん、にんにく、しょうが、コチュジャンを入れ混ぜる。

❷ ①にすりおろし玉ねぎを入れてさらに混ぜる。

❸ フライパンに油をひき、②を炒める。

❹ 食べやすい大きさにカットしたキャベツ、にら、玉ねぎ、ひと口大にカットした餅を入れてフタをし、蒸し焼きにする。

❺ さらに、ピザ用チーズとチェダーチーズを入れてフタをし、チーズが溶けたら完成。

POINT!
玉ねぎに含まれるプロテアーゼが、お肉のタンパク質を分解し、肉質を柔らかくしてくれる。

POINT!
濃厚なチーズ&甘辛コチュジャンがお餅によく合う。ごはんのおかずにもピッタリ!

6品目 チョコ餅フォンデュ

材料 (2人分)

溶かし餅	60g
チョコレートソース	30g
いちご	2個
バナナ	1本
マシュマロ	3個
粉砂糖	適量

作り方

❶ いちごとバナナをひと口サイズにカットし、器にマシュマロと一緒に盛りつけ、粉砂糖を振りかける。

❷ 溶かし餅にチョコレートソースを入れ混ぜる。

ウル得マンPOINT!
溶かし餅のトロミで、具材に絡みやすくなるためチョコの味をより楽しめる!

「知っ得！便利レシピ」で節約＆時短

✕ 調理時間わずか5分！ごはんが進む！おかずサイゲン・生ふりかけ

食べてビックリ！エビフライ生ふりかけ

材料（1人分）

小エビ	40g
中濃ソース	小さじ2
エビスナック	10g
パン粉	大さじ2
サラダ油	小さじ2

作り方

❶ 小エビをぶつ切りにして、ボウルに入れ、中濃ソースをからめる。アルミホイルにサラダ油（小さじ1）をひき、広げてのせる。

エビスナックで、揚げた時の香ばしさと食感を再現しました！

❷ エビスナックを密閉袋に入れ、パン粉を加えて指で潰す。潰れたら❶の上にまんべんなくかける。その上にサラダ油（小さじ1）をたらす。

❸ 200度のオーブントースターで2分加熱すれば完成。

POINT!
エビスナックが味と食感のポイント！

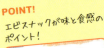

156

✕ 調理時間わずか5分！ごはんが進む！おかずサイゲン・生ふりかけ

まるでそのもの！
油淋鶏生ふりかけ
（ユーリンチー）

材料（1人分）	
鶏ひき肉	50g
うす焼きせんべい	2袋
サラダ油	小さじ2
〈ソース〉	
長ねぎ	5cm
中華ドレッシング	大さじ2

作り方

❶ アルミホイルにサラダ油（小さじ1）をひき、鶏ひき肉を広げる。

❷ うす焼きせんべいを密閉袋に入れ、細かく砕いて①の上にまんべんなくかける。その上にサラダ油（小さじ1）をたらす。

❸ 200度のオーブントースターで3分加熱する。

❹ ボウルに入れた中華ドレッシングに、細かく切った長ねぎを加えてソースを作る。③にこのソースをかける。

味つけは、中華ドレッシングだけでOK！

「知っ得！便利レシピ」で
節約＆時短

余った食パンは
アルミホイルに包んで冷凍すると、
ふっくらモチモチがキープできる！

材料（食パン1枚分）
食パン…1枚　アルミホイル…適量

作り方

1
食パンを、食パンの2倍ほどの長さにカットした**アルミホイルで包む**。その際、アルミホイルがなるべく食パンに密着するようにし、キレイに密封する。

2
①をそのまま冷凍庫で凍らせる。

3
②のアルミホイルをはずし、1000Wのオーブントースターで約4分を目安に**焼く**。

POINT!
パンをアルミホイルで包んだ時、隙間が多いと中の空気が邪魔してパンの凍るスピードが落ち、急速冷凍にならず失敗する可能性があるのでご注意を。

POINT!
食パンを凍らせるとパサパサになるのは、パンが凍る過程でふわモチ食感のもと「でんぷん」が壊れてしまうから。しかしアルミホイルで包んで冷凍すれば、でんぷんを壊さず急速冷凍が可能になり、ふわふわモチモチをキープできる。

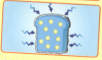

得ワザ

時短

野菜にパン粉をまぶして3時間おくだけで、ぬか漬け風になる!

材料（きゅうり1本分）
パン粉…大さじ1/2（食パンをおろした生パン粉でも可）　塩…小さじ1/2
砂糖…大さじ1/2　板ずり用塩…少々　きゅうり

作り方

1 きゅうりを板ずりし、水で洗い流す。

2 保存用密閉袋に、塩、砂糖、パン粉を入れよく混ぜる。

3 きゅうりを入れて味が全体になじむようにもみ込む。

4 冷蔵庫に入れて3時間寝かす。

BEFOR　AFTER

5 3時間後きゅうりのまわりについているパン粉を洗い流し、食べやすく切る。

POINT!
きゅうりに塩をまぶし、まな板の上でズリズリと転がし板ずりすることで、表面にキズができて、味がしみ込みやすくなる。

POINT!
パン粉には、ぬか同様に野菜を発酵させる酵母が含まれていて、さらに発酵を促すでんぷん量が、ぬかよりも約1.5倍含まれている。パン粉がなければ、食パンをおろした生パン粉でもOK!

POINT!
にんじん、だいこん、なす、白菜、セロリなど、ほかの野菜でも、ぬか漬け風になる！作り方は、野菜をひと口大に切った後、②以降は同じ。ただし野菜から出た水分に、雑菌が繁殖してしまう可能性があるため、パン粉に漬けるのは1度きり。ぬか床のように何度も使えないのでご注意を！漬けた野菜を置く温度によって漬かり具合が変わるため、適正時間は異なりますが、番組でのおすすめ時間は3時間程度！

「知っ得！便利レシピ」で節約＆時短

レトルトカレーの得ワザ❶

50回シェイクするだけで、まろやかな味に激変！

振ることで激的にコクとまろやかさが広がります！

材料（1人分） レトルトカレー…1パック

作り方
電子レンジなどで加熱する前に、レトルトカレーの袋を50回振るだけ。

サイゲンPOINT!
レトルトカレーには、まろやかさを出すために牛脂などの脂が入っているが、その脂と水分や香辛料が分離してしまうことがあり、それがザラザラとした食感を生んでしまう。しかし袋を50回振ることで、分離していた油脂分と水分が混ぜ合わさり、舌触りがまろやかになる。

普通のレトルトカレー

50回振ったレトルトカレー

レトルトカレーの得ワザ❷

和風ドレッシングを混ぜれば名店のコクに格上げ!

材料（1人分） レトルトカレー…1パック　和風ドレッシング…小さじ1/2

作り方

1
カレーを耐熱容器にあけ、そこに和風ドレッシングを加える。

2
ふんわりラップをかけ、600Wの電子レンジで1分30秒加熱する。
※パッケージに書かれた指定の時間で温めてください。

3
加熱後、よくかき混ぜる。

サイゲンPOINT!
味の5大要素『甘味・うま味・塩味・苦味・酸味』の中で、カレーは特に、甘味・うま味・塩味を感じやすいと言われている。和風ドレッシングを入れることで、酸味の要素が加わり、同時に和風ドレッシングに含まれるしょうゆや油がさらにコクなどを加えてくれる。

和風ドレッシングって万能調味料なんです!

✗ 家事えもんのアレンジレシピ

家事えもん流 絶品！麻婆カレー丼

包丁もまな板も使わない、簡単アレンジレシピです！

材料（1人分）

ごま油	小さじ1
木綿豆腐	1/2丁
ごはん	250g
レトルトカレー	1袋
	（半分を袋の上からつぶす）
豚ひき肉	100g
みそ	大さじ1
しょうが（チューブ入り）	小さじ1/2
にんにく（チューブ入り）	小さじ1/2
穂先メンマ	25g
長ねぎ	1/4本（およそ10cm）
ラー油	適量
乾燥パセリ	適量

家事えもん流　絶品！麻婆カレー丼

作り方

① フライパンにごま油をひき、豆腐をそのまま入れて両面を焼く。

② 器の真ん中にごはんを盛り、片側にカレー半分を入れ500Wの電子レンジで2分加熱する。

③ ①の豆腐の横で豚ひき肉とみそ、しょうが、にんにくを入れて炒める。

④ ③の豆腐をヘラでランダムに切り、穂先メンマ、フォークとキッチンバサミでみじん切りした長ねぎを入れ、残り半分のカレーを袋のまま具材を潰してから全体に絡める。

⑤ ②の器の残り片側に④の麻婆カレーを入れて、その上にみじん切りした長ねぎをちらし、ラー油をかける。ごはんに乾燥パセリをちらせば完成。

家事えもん POINT!
豆腐をごま油で焼くことで香ばしさがUP。すき焼きの焼き豆腐と同じで表面の水分も少なくなり、味がしみ込みやすくなる。

POINT!
みそでコクを出し、みそに足りない豆板醤の辛味は、カレーの香辛料で補う。

POINT!
包丁もまな板も使わないので、とってもお手軽！

POINT!
カレーの具を潰すと、じゃがいもなどのでんぷんが混ざり、片栗粉を使わなくてもほどよいトロミがつく。

✕ 家事えもんのアレンジレシピ

チャーハンの弱点を全て解決!
失敗しないパラパラチャーハン

一石三鳥の秘密道具を使って究極のチャーハンを作ります!

材料（2人分）

ごはん	300g
中華ドレッシング	大さじ4 ※ノンオイルドレッシングはNG
卵	2個
万能ねぎ	大さじ2（1〜2本をハサミで小口切り）

作り方

① **火をつける前**に、フライパンにごはんと**中華ドレッシング**を入れ、ごはんのかたまりがなくなるよう、ねばらないように混ぜる。

普通のごはん

酢をまぶしたごはん

② ごはん全体にドレッシングがからまったら、強火で加熱し、全体が温まり出したら、ゴムベラなどでねばらないように、水分を飛ばすように混ぜながら火を通す。

③ ②のごはんを片方に寄せて、もう片方に卵を割り入れ、半熟状態になったところでごはんとからめる。

④ 器に盛りつけて、仕上げに万能ねぎを散らす。

POINT!
火をつける前にドレッシングをかけることで、炒める時間を短縮し、ごはんのぬめりが出るのを防ぐ。ドレッシングに含まれる「酸」は、お米のぬめりの元であるでんぷんが流れ出るのを止めるので、ねばり気が出るのを抑えてくれる。

家事えもん POINT!
秘密道具の中華ドレッシングには、塩、しょうゆ、チキンエキスパウダーなどおいしいチャーハンに必要な調味料が全て入っている。さらに中華ドレッシングの油が、ごはんをコーティングして、お米同士がくっつきやすくなるのを防いでくれる。しかも、液体なので、全体にまぶすことができ味にムラもなくなる。

「得損甲子園30分スピード料理バトル」決勝

スペシャル得ワザ

速い、凄い、息をのむ!!
高校生たちの熱き思い、
凄ワザに、感動、興奮、大絶賛!

番組ではこれまで、プロ顔負けの腕をもつ高校生と、得損が誇る早ワザ料理人ウル得マンが、30分で何品の料理を作れるか、スピード料理対決を行ってきた。「得損甲子園30分スピード料理バトル」は、「食育王選手権」など全国の名だたる料理コンテストでしのぎを削り、栄光に輝いた選りすぐりのツワモノ高校4チームが出場したもの。どのチームも凄ワザ、早ワザはもちろん、高校生とは思えない一流の料理の技術を披露し、視聴者のみなさんに圧倒と感動を与えてくれた。そして2017年、年末。「得損甲子園30分スピード料理バトル」の決勝戦が行われ、見事、長崎 向陽高校が優勝した!! ここではそんな彼女たちに取材し、優勝までの道のりや苦労したこと、また優勝で得たことなどについて聞いてみた。

テーマ食材は **鮭**

\「得損甲子園30分スピード料理バトル」で優勝した長崎 向陽高校/

長崎 向陽高校／和の巨匠・神田川俊郎氏が最高顧問を務める食の名門校。彼女たちは全国の高校生が料理の腕と知識を競う「食育王選手権」で優勝をおさめた選抜チーム。息のあった抜群のチームワークで、今回の「得損甲子園30分スピード料理バトル」を勝ち抜いた。写真左から小佐々詩乃さん、山口美彩紀さん、澤久咲希さん

写真は「得損甲子園30分スピード料理バトル」の予選で作った料理の一部。テーマは〝だいこん〟。長崎のご当地食材を使い、巧みなワザと見事なアイディアのアレンジ郷土料理で勝負した。上は「大根佐世保バーガー」、真ん中は「郷土料理・大村寿司の大根アレンジ」。下は得ワザ。かき揚げを揚げる際、だいこんや桜エビなど具材が広がらないようクッキングシートごと揚げている様子

166

「鮭」をさばいたことがない！
優勝した長崎 向陽高校は、
テーマ食材に苦戦しながら、
決勝前日まで日々戦った!!

身が柔らかくて崩れやすい〜

どうしよう、鮭は初めての食材

決勝を想定しての練習は、敗戦濃厚な雰囲気。何をどう改善すればいいのか、そもそも鮭をどう調理すればいいのか……落胆する3人

\ 優勝するためには緻密な作戦が必要 /

3人の作業メモには、びっしりと改善点や疑問点が。作っては書き、改善してはメモを書き直し、研鑽を積む

難しくて何をどうすればいい？

春になれば
別々の道に進む3人

高校生の間で料理が未曾有の大ブーム！

現在、高校生の間で、一大ブームになっているのが、料理である。料理を題材にした漫画が軒並みヒットし、全国各地で高校生による料理コンテストが盛んに開かれるなど"料理に対する熱意"は、とどまることを知らない！

そんななか2017年の年末に、「得損甲子園30分スピード料理バトル」の決勝戦が放送された。

戦ったのは、長崎 向陽高校ともう一校。両校とも、プロも唸る得ワザや、鍛え抜かれた技術を駆使し、見事、長崎 向陽高校が栄冠に輝いた。

だが……、この栄光を掴むまで、その道のりは決して平たんではなかった。

「得損甲子園30分スピード料理バトル」決勝

優勝には〝ひたすら練習〟しかない！
それが決勝戦で生かせると信じて

スペシャル得ワザ

すし酢はしゃもじに当てて均等に

テーマ食材の「鮭」をいかに速くさばくか、それが優勝の鍵を握る！

長崎のご当地食材を使用しました

「ちゃんぽんの素」や「うちわエビ」「色かまぼこ」「ドロさまパスタ」など、彼女たちが自分たちで選んだ予算1万円の長崎ご当地食材が入った産直BOX

昼休みも練習した。だから鮭もスムーズにさばけるように！

「うん、これで良し！」クールなサワえもん

鮭の皮の酢の物は柚子を器に

「鮭を今まで、一度もさばいたことがなくて……」
そう話すのは同校のキャプテン山口美彩紀さん（以下・みさきちゃん）。
今回の「得損甲子園30分スピード料理バトル」決勝のテーマ食材は〝鮭〟。だが長崎県で鮭は、なじみのない食材だ。スーパーで切り身は見かけるが、あまり食卓に並ぶことはないという。
「とにかく一尾が重たくて、驚きました」と、みさきちゃん。
ふだんならプロも驚く高速包丁で、食材を魔法のように切り刻む彼女も、初めて鮭を半身におろすと、なんと18分！もかかってしまった。制限時間は30分。これでは料理が作れない!?　だが彼女たちは諦めない。そこから猛特訓を開始した。

ここで長崎 向陽高校の5レシピを公開！

鮭の煮つけ

材料

鮭	3切れ（1切れ30〜40g）
水	30ml
しょうゆ	50ml
みりん	50ml
砂糖	25g
しょうが	3切れ（輪切り）

作り方

❶ 鍋に水、しょうゆ、みりん、砂糖、しょうがを入れてひと煮立ちさせる。
❷ ①が沸騰したら鮭を入れ、スプーンを使い全体に煮汁をかけて火を通して完成。

POINT!
決勝ではラスト1分30秒で仕上げた「鮭の煮つけ」。時間をかけないことで、鮭本来の水分や風味も飛ばず、おいしく、しっとり仕上がります。

サワえもんは切り込み&味見、しのちゃんは確実に下準備をこなす

鮭を盛りつけるみさきちゃん、黙々と鍋を火にかけるしのちゃん

出島に見立てました

「みさきちゃんは、あんなに大きな鮭をさばかなくてはいけないから、私は全力で動き回って、下準備を完ぺきにこなし、ふたりのフォローをしっかりします」そう話すのは小佐々詩乃さん（以下‥しのちゃん）。

練習で悪戦苦闘するしのちゃん

しのちゃんは、縁の下の力持ちだ。だからお湯を沸かす、鍋を用意する、食材を火にかける……など、下ごしらえから準備、調達とひとりで細やかに切り盛りしなければならない。

決勝を想定した練習では、しのちゃんの作業が、思ってた以上に膨大に増え……「ずっと走り回っていましたが、工程が複雑で覚えきれない」と、ミスを連発。

「得損甲子園30分スピード料理バトル」決勝

ちゃんぽんリゾット

ちゃんぽん鍋

材料

【ちゃんぽん】
- 鮭の切り身(骨抜き、皮引きしたもの) … 3枚(縦5cm×横5cm)
- ちゃんぽん麺 …………………… 半玉
- 水 ……………………………… 450ml
- ちゃんぽんの素 ……… カレースプーン3杯
- キャベツ(中) ………………… 1/8玉
- 玉ねぎ ……………………… 1/2個
- もやし ……………………… 1/8袋
- 色かまぼこ ……………… それぞれ1/4本ずつ
- うちわエビ ……………………… 1匹
- 豚ローススライス ……………… 3枚
- イカ(一夜干し) ………… 1つ(縦3cm×横7cm)
- 白こしょう …………………… 適量

【リゾット】
- ちゃんぽん鍋の汁(具材含め) … おたま2杯分
- ごはん ……………… お茶碗に小盛り1杯
- ピザ用チーズ …………………… お好み
- 黒こしょう …………………… 少々

作り方

【ちゃんぽん】
1. キャベツをお好みの大きさにざく切り、玉ねぎは薄めにくし切りにし、キャベツ、もやしをサッと水洗いし、3つを鍋に入れる。
2. ちゃんぽん麺は半分に切って少しほぐしたら鍋に入れる。
3. うちわエビを縦に半分、豚ローススライスは3等分、イカはひと口大にそれぞれ切り、鮭の切り身、うちわエビ、豚ローススライス、イカも鍋に入れる。
4. 色かまぼこは色紙切りにして上にちらす。
5. 鍋に水とちゃんぽんの素を入れて火をつけ、フタをして沸騰させる。
6. あくが出るので取り、食材に火が通ったら白こしょうを振って完成。

【リゾット】
1. 器にごはんを入れ、ちゃんぽんの汁をそそぎ、上からピザ用チーズと黒こしょうをかける。
2. ①をレンジで2分ほど加熱して完成。

「まだあの状況では4、5品しか作れない感じでした。このままでは確実に勝てないと思っていました」と澤久咲希さん(以下：サワえもん)は苦し気に言う。

彼女たちは高校3年生。予選から決勝までの期間、将来を決める就活をしていた。そのうえで決勝戦の練習をしなくてはならない。

実践の料理もさることながら、収録中、実況に応えなくてはならないので、調理の解説の練習もしなくてはならない。さらにその間、授業のテストもあった。

時間がない。メニューが決まらない。寝不足が続く。気持ちは焦る。それでもやるしかない‼ 手を休めず、放課後居残りをして、また夜中にアイデアがひらめいたら、ライン

170

はらすの生からすみ焼き

材料

鮭の切り身 (はらす) ……………………3切れ
生からすみ … 大さじ3 (はらす1切れにつき大さじ1)

作り方

1. はらすの部分を切り取り、ひれのある部分は除いて3等分にする。
2. はらす1つ1つに斜めに切り込みを入れる。
3. 切り込みを入れたところに生からすみを埋め込むように塗る。
4. グリルで5〜6分強火で焼けば完成。
   ※片火の場合は裏返して焼く。

POINT!
生からすみで、コクとうま味をプラスします。生からすみは、長崎のご当地食材です!

あじさい揚げ

材料

鮭 …………………………………… 15〜20g
はんぺん ……………………………………10g
サンドイッチ用のパン…………………… 2枚
卵 …………………………………………… 2個
塩 ……………………………………ひとつまみ
小麦粉 …………………………………… 60g
サラダ油…………………………………… 適量

作り方

1. 鮭をひと口大に切る。
2. 鮭、はんぺん、塩を入れて粘りが出るまでミキサーにかける。
3. ボウルに卵、小麦粉を入れて混ぜる。
   ※ボウルの端に小麦粉が残るように、ボウルの中心部分で混ぜ合わせる。
4. サンドイッチ用のパンを0.5mm角に切る。
5. ②をひと口大に丸めて③につける。
   ※③のボウルの端に残した小麦粉をつけてから中心部分の衣をつける。
6. ⑤でできたものに④をつけて揚げたら完成。

POINT!
食パンであじさいの花びらを表現しました。

周りの人に、ただただ感謝です

のやり取りをして日々、3人は格闘した。
やがてその努力が徐々に花開き、「10品ならいけるかもしれない」とメニュー数が増えていった。さらに、一つひとつのメニューの改善もでき、それが確定し、完成度が高まった。
そして決勝当日。
練習に練習を重ねた結果が、優勝につながった!!

優勝を振り返って……サワえもんは言う。「うれしすぎて、うれしすぎて、もう最高でした」「達成感がすごかったです! 練習とかつらかったことが報われました」と、しのちゃん。
「みんなから"優勝してくれてありがとう"と、感謝されまし

171

「得損甲子園30分スピード料理バトル」決勝

スペシャル得ワザ

そして結果……、数々の苦難を乗り越え、長崎 向陽高校が優勝した！

長崎 向陽高校が30分で作った料理は〝14品〟

出島に見立てた「出島ポテトサラダ」や、しっぽく料理の最初に供される「御鰭（おひれ）」を鮭の尾で作ったメニュー、衣に砂糖を入れ甘めに仕上げた郷土料理の「長崎天ぷら」など、作り上げた14品はいずれも〝鮭〟を巧みに使い、長崎の郷土料理をアレンジしたものばかり

そして……優勝！うれしさのあまり涙ぐむ3人

勝負の結果、長崎 向陽高校は330点の高得点をたたき出した

優勝できて本当にうれしいです！今まで頑張ってきて良かった!!

優勝賞品は「料理包丁」。「最高です、これがあれば社会人になっても頑張れます」と3人は喜んだ

た。おめでとうもうれしいけれど、〝ありがとう〟の言葉は、最高にうれしかったです」と、みさきちゃん。うなずくしのちゃん、サワえもん。

キラキラと目を輝かせ、さわやかな笑顔で、優勝までの日々を思い返す3人。

彼女たちは口をそろえて言う。「自分たちだけの力では、優勝できませんでした。つねに先生たちや、親、友人、すべての人が、私たちを支えてくれたから……」

時に厳しく、自分の時間を削って彼女たちをバックアップした調理科の杢尾千寿子先生に3人は絶大の信頼をおいている。「決勝戦で入場する時から、ボロボロ泣いてくれて、優勝した時は抱き合って、喜びを分かち合いました。大好きです!!」

もっと家中ピカピカスッキリ！

家事は料理だけではありません！

掃除・洗濯の得ワザ

お掃除や洗濯はやっぱり面倒。見て見ぬふりをしているうちに大変なことに。家事えもんの「秘密道具」だけでなく、修理のプロ「得損ウィザード」と掃除のプロ・家事代行サービスのお知恵も拝借。【スペシャル得ワザ】「汚れポイント＆防ぐコツ」とプロ直伝の知っ得ワザをぜひ参考に！

「リビング」はみんなが集まる場所だからこそ
日常的にキレイに··174〜187p

「キッチン」はホコリだけでなく
油汚れや水アカもあわせて撃退！·····························188〜197p

「水周り（洗濯）」はとにかく湿気の除去対策·············198〜209p

「寝室」は整理しきれない衣類や布団で
ホコリとダニがいっぱい！··210〜214p

「リビング」はみんなが集まる場所
だからこそ日常的にキレイに

家事代行サービス「CaSy」瀬戸島実千代さんに聞く!
リビング の汚れポイント&防ぐコツ

スペシャル得ワザ

サッシの汚れは、内側は掃除用ノズルで部屋の掃除機がけのついでに済ます。外側はペットボトルに装着できるスプレータイプのお掃除グッズが手軽で使いやすい。
※187pの秘密道具「加圧式お掃除スプレー」を参照

天井や照明器具は見逃しがちだが意外と汚れているもの。柄が伸びるハンディワイパーなどを使い、ペーパーの取り換え時期に軽く拭いておくと年末の掃除がラクに!

テレビ周りや家具、ペット用カーペットまであらゆるものに使えるマイクロファイバー雑巾が便利!
※184、204pの秘密道具「マイクロファイバー雑巾（他）」を参照

リビングの主な汚れは、ホコリ、髪の毛、食べこぼしなどが主で、キッチンや水周りほど手ごわい汚れはない。とはいえ人が集まる場所なので軽めの掃除はまめにしておく。

瀬戸島さん直伝! 掃除・洗濯知っ得ワザ

その❶ 「カーテン」は元の場所にかけて干す!

カーテンは意外と汚れていることが分かっていても、掃除機で表面のホコリを吸うのも難しく、洗濯もしにくい。あきらめがちな家事ですが、今は洗いやすく、形状記憶など日常的に洗っても支障がないタイプも多いので、天気の良い日に洗って、脱水。そのまま元の場所にかけて、窓を開けておけば、夏場であれば1、2時間で乾いてしまいます。わざわざ干す場所を確保する手間が省け、シワも伸びやすくなるのでオススメです。

その❷ 「マイクロファイバー雑巾」は毛足の違う3種を使い分け

番組でも紹介した「マイクロファイバー雑巾」(184、204pに掲載)は、毛足のないもの、中間、長めと3種類のタイプを用途によって使い分けると掃除がよりしやすくなります。毛足のないものは窓ガラスや鏡などに、中間タイプのものはフロアやキッチンのタイル床など。水で少し濡らして拭くだけでピカピカに! 洗剤などを使わずに済むので節約できて、手肌にも環境にも優しい一石二鳥な便利グッズです。

その❸ 窓ガラスの汚れは「布マスカーテープ」でラッピング

窓ガラスや鏡などの汚れを取る場合、専用剤を吹きかけてからラップをして、その効果を高めるというやり方がありますが、ラップはすぐグチャグチャになり扱いにくいので、ホームセンターなどでお手頃で買える「布マスカーテープ」を使うのもオススメ。布テープとマスキングシートが一体化している、通常塗装用に使うものですが、窓ガラスであれば、窓枠の下部にこの布テープ部分を張りつけて、シートでガラス部分を覆うようすれば、液だれしても布テープ部分で受けとめてくれるので床が汚れずに済み、後片付けも簡単! このワザは浴室のカビ取りにも有効です。

【リビング】のおまとめ

リビングだけでなくお掃除全般を簡単にラクに済ませるコツは、「年末の大掃除でいい」と汚れをため込まないこと。だからといって、「日常的にやらなければ」と義務感にかられてやっても長続きしないものです。そこで季節に合わせてその時期にやりやすい掃除をする、あるいは月ごとに掃除場所を決めるというように分担掃除を心がけるのも大事です。

「リビング」はみんなが集まる場所 だからこそ日常的にキレイに

家事えもん流 秘密道具得ワザ

壁をこすったような汚れは 普通の消しゴムで簡単に落とせる

寝室にも最適!

秘密道具
消しゴム

ゴムが汚れを優しく包み込んでくれる!

手順

① 汚れたところを<mark>消しゴム</mark>でいろいろな方向から消すだけ!

POINT!
壁にできる黒い線のような汚れは、カバンや家具などでこすって付着したゴムやプラスチックの場合が多い。普通の洗剤では油や手アカ用のため使っても落ちにくいが、消しゴムであれば汚れをゴムが包み込むように削り取ってくれる。

BEFOR & AFTER

いろいろな方向から消すのがポイントですが、壁や汚れによっては取れない可能性もあります。壁紙によっては傷ついてしまうこともあるので注意!

家事えもん流 秘密道具得ワザ

焦げつき、水アカ、鉄サビまで万能に活躍！
壁についたシールの
ベタベタ汚れをきれいに落とす

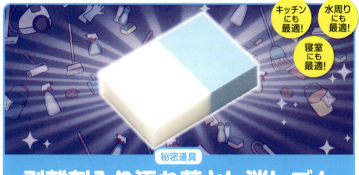

キッチンにも最適！
水周りにも最適！
寝室にも最適！

秘密道具
剥離剤入り汚れ落とし消しゴム

剥離剤入りの白い部分と研磨剤入りの青い部分で使い分けできる！

手順

❶ ついた汚れを消しゴムの <mark>白い部分</mark> でこすり落とす。

POINT!
シールのベタベタのもとである粘着剤を浮かせてはがれやすくする剥離剤が入っているため、軽くこするだけで簡単に落とせる！

BEFOR&AFTER

消しゴムの青い部分には研磨剤が含まれているので、焦げついたコンロやお風呂場の水アカ、鉄サビなどさまざまな汚れを落としてくれます！ どちらの面も、使用前に材質に影響がないか、目立たない場所で一度試してからお使いください。

家事えもん流 秘密道具得ワザ

「リビング」はみんなが集まる場所だからこそ日常的にキレイに

フローリングの隠れカビは、中性洗剤とナイロンタオルで除去できる

キッチンにも最適!

寝室にも最適!

秘密道具

中性洗剤&ナイロンタオル

油汚れや水アカに有効な中性洗剤とナイロンタオルのW効果。

手順

❶ フローリングシートで乾拭きし、表面のホコリを取り除く。

POINT!
中性洗剤+ナイロンタオルの凹凸の構造が、シートで取り切れなかったホコリや皮脂汚れをキレイに落としてくれる。

❷ フローリングモップに、ナイロンタオルをセットし、水1lに対し、中性洗剤を3〜5滴混ぜた液を適量吹きかけ、気になる皮脂汚れを拭き取る。

BEFOR&AFTER

フローリングの黒い点が実はカビという時も。特に梅雨時期は、ホコリが湿気を帯びカビの餌になりやすくなり、また夏に向かい裸足で歩く機会が多くなると皮脂汚れも増えカビの原因に。

178

❓ 家事えもん流　秘密道具得ワザ

カーペットの汚れは
重曹＋酸素系漂白剤で作る
「魔法のシミ取り液」で！

寝室にも最適！

秘密道具 酸素系漂白剤 ＋ **秘密道具** 重曹

酸素系漂白剤を浸透させるために、重曹でシミのもとである汚れを落とす。

手順

❶ 汚シミに重曹を振りかけ、なじませる。

❷ ①の上に酸素系漂白剤を吹きかける。

❸ ②のシミに雑巾を押し当てる。

POINT!
時間がたったシミには、重曹に酸素系漂白剤をなじませるよう、上からしっかり押していく。

POINT!
シミを拭いた後は、洗剤がカーペットに残らないように、濡れた雑巾を押し当てて、しっかりすすぐようにキレイに拭き取る。

シミが落ちにくい理由は、シミに被さったタンパク質や油汚れが原因。重曹をそこに振りかけると油やタンパク質が落ち、酸素系漂白剤がシミまで到達するため、キレイにシミ取りができる仕組みです！

179

得損ウィザード・鄙里寛流 あきらめ家事解消修復得ワザ

修復のプロが伝授！フローリングの傷を目立たなくするグッズ、傷かくしクレヨンはこう使うべし！

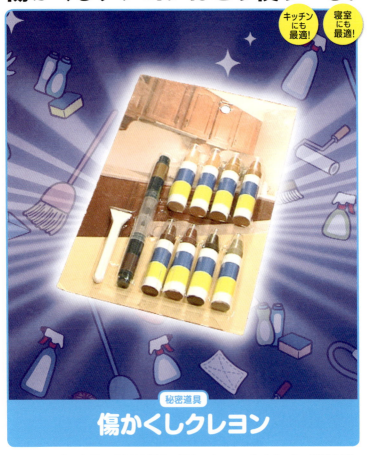

キッチンにも最適！
寝室にも最適！

秘密道具
傷かくしクレヨン

ホームセンターなどで1000円程度で買えるクレヨンタイプの床の補修材は、深くえぐれてしまった傷にも役立つ。

修復のプロが伝授! フローリングの傷を目立たなくするグッズ、
傷かくしクレヨンはこう使うべし!

🏷️ 手順

① 傷を傷かくしクレヨンで埋めていく。なかなか傷が埋まらない場合は、==付属のヘラ==で傷かくしクレヨンを削りながらグッと押し込むようにして傷を埋めていく。

② ==濃い色味==の傷かくしクレヨンで色を==なじませる==。

③ 付属のスチールウールで 周りとツヤを合わせるように軽くこすりなじませる。

POINT!
通常はクレヨンで傷をぬり、その後に付属のヘラで平らにならすのが一般的。しか し修復のプロは、ヘラでクレヨンを削り埋め込みやすくしている。

POINT!
数本セットになっている色で、より床の色に近い状態に微妙に調整する細やかな作業もプロならではの修復ワザ!

BEFOR&AFTER

→

傷かくしクレヨンをヘラで削る際に、クレヨンを少し温めて使用するとより簡単に埋め込みやすくなります。

181

「リビング」はみんなが集まる場所だからこそ日常的にキレイに

家事えもん流 秘密道具得ワザ

絨毯の目に入った細かいゴミは、掃除機を縦横十字にかければ残さず取れる!

寝室にも最適!

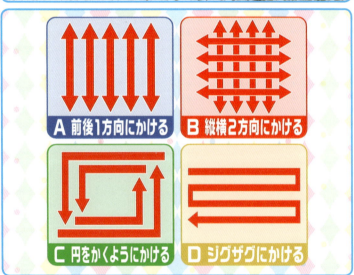

細かいゴミが入ってしまった絨毯は、上のイラストのBのように、縦横十字(2方向)に掃除機をかけるのがベスト!

182

絨毯の目に入った細かいゴミは、
掃除機を縦横十字にかければ残さず取れる!

手順

❶ 掃除機を縦にかける。

POINT!
戻ってくる時も吸引力があるので、ここでもしっかりかける。

❷ そのまま往復するよう、縦に戻る。

❸ 端まで、縦に<mark>往復してかける</mark>。

POINT!
一方向に掃除機をかけただけでは、絨毯の目に入った細かなゴミは、吸いきれない。しかし縦横2方向に掃除機をかければ、写真のようにきれいに!

前後1方向にかける

❹ 絨毯の<mark>横側に位置を変え</mark>、こちらも端まで掃除機を往復する。

縦横2方向にかける

絨毯の繊維には、様々な場所にゴミがついています。そのため、掃除機を縦に前後にかけるだけでは、横の部分についているゴミが吸いきれません。そこで、横方向からもかければ、よりキレイに吸いとれるのです。

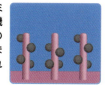

家事代行サービス瀬戸島さん流　秘密道具得ワザ

「リビング」はみんなが集まる場所
だからこそ日常的にキレイに

ペットの毛がついたカーペットの掃除は、ブラシとマイクロファイバー雑巾で!

寝室にも最適!

秘密道具

掃除用ブラシ+マイクロファイバーの雑巾+ゴム手袋

すべて100円ショップで手に入るお掃除グッズを、フルに活用。

手順

❶ 軽く濡らしたマイクロファイバー雑巾で大まかに、カーペットについたペットの毛を取る。

❷ ゴム手袋をはめ、水を流しながら、❶のカーペットに **ブラシ** をかける。

❸ 洗濯機で洗濯する。

❹ 干す。

POINT!
ブラシはゴシゴシこすらず、寝かせて、同じ方向に動かす。そうすればカーペットを傷めにくい。

最初に濡らしたマイクロファイバー雑巾では、カーペットを軽くこするようにして、大まかに毛を除去。次に流水とブラシで、カーペットに入り込んだ毛を取り除く。ブラシを同じ方向に動かすので、カーペットの生地の流れに逆らわず、ペットの毛が取りやすくなります。

184

家事えもん流　あきらめ家事解消得ワザ

あきらめていたテレビの裏のホコリは、ほこりん棒で絡め取るだけ!

寝室にも最適!

秘密道具

ほこりん棒

ホームセンターなどで購入できるすきま掃除のお助けグッズ。

手順

① ホコリが気になる家具の隙間に、ほこりん棒を差し入れ、クルクル動かしながら絡め取る。

BEFOR & AFTER

POINT!
静電気によってテレビの裏に集まったホコリをほこりん棒でこすると、絡め取れる!

ほこりん棒自体が静電気を発生させるということではありません。

家事えもん流　秘密道具得ワザ

「リビング」はみんなが集まる場所だからこそ日常的にキレイに

エアコンのフィルターの汚れはすきまノズルですっきり、きれいに!

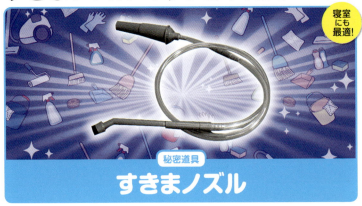

寝室にも最適!

秘密道具

すきまノズル

すきまノズルは、ホームセンターなどで手に入るお掃除グッズ。価格は1800円ほど。

手順

1. エアコンのカバーを開ける。

2. 掃除器に付属の**アタッチメント**を取りつけ、フィルターやホコリが付着している部分を掃除する。

POINT!
本来はパソコンのキーボードなど細かいものや、家具と家具の間の隙間など、手が届きにくい部分で使用するもの。

BEFOR & AFTER

柄が長いので高いところでも、手が届くスグレモノ! フィルターをはずさずに、そのままホコリを吸い込んで、10分でピカピカになります。

掃除がしにくいサッシは 加圧式お掃除スプレーでラクラク、一気に!

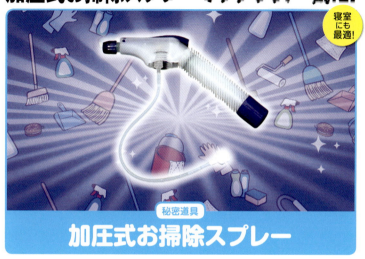

寝室にも最適!

秘密道具
加圧式お掃除スプレー

ペットボトルに取りつけるお掃除グッズ。

手順

❶ 水を入れたペットボトルに、加圧式お掃除スプレーを取りつける。

❷ ①を加圧し、サッシの汚れに向かって吹きかける。

加圧タイプなので、水の勢いで汚れを一気に落としてくれる。気持ち良いほどピカピカに!

BEFOR & AFTER

「キッチン」はホコリだけでなく
油汚れや水アカもあわせて撃退!

スペシャル得ワザ

家事代行サービス「CaSy」瀬戸島実千代さんに聞く!
キッチンの汚れポイント&防ぐコツ

冷蔵庫の上の部分にはホコリもたまりやすく、コンロに近い場合には油汚れも意外に飛んでいるので、新聞紙や紙袋などを敷いておく。上にたまに使うホットプレートなどを置いておくと、使用時に汚れのたまり具合も分かるのでそのタイミングで替えればOK。

換気扇の掃除は油が固まりやすい年末など寒い時期にやるのは大変。労力がぜんぜん違うので夏にやるのがベスト! その反面、冷蔵庫の掃除は、中に入れていた食品を出しておいても傷みにくいので冬にやるのがオススメ。

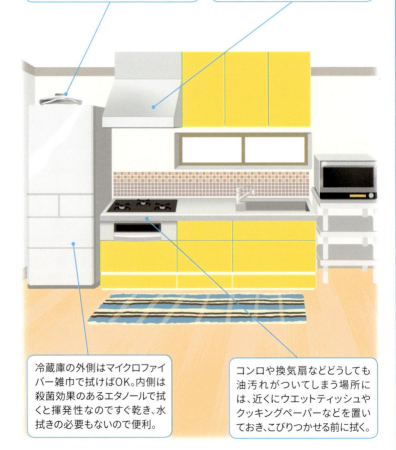

冷蔵庫の外側はマイクロファイバー雑巾で拭けばOK。内側は殺菌効果のあるエタノールで拭くと揮発性なのですぐ乾き、水拭きの必要もないので便利。

コンロや換気扇などどうしても油汚れがついてしまう場所には、近くにウエットティッシュやクッキングペーパーなどを置いておき、こびりつかせる前に拭く。

瀬戸島さん直伝! 掃除・洗濯知っ得ワザ

その❶ 汚れやすい野菜室には「新聞紙&紙袋」

冷蔵庫をなるべく汚したくないという人も多いはず。最近は土つきのこだわり野菜なども多いので、その場合は、紙袋の上部を野菜室のサイズに合わせるように織り込み、濡れ新聞紙に包んだ野菜を立てた状態で入れておくと保存もしやすく、汚れたらそのまま捨てられるので便利です。簡易の仕切りにもなるので取り出しやすくなるメリットも。

その❷ 電子レンジの中も「マイクロファイバー雑巾」

電子レンジの中の汚れは、マイクロファイバー雑巾を水に濡らし、軽く絞った水気の多い状態でレンジに入れて40秒ほどチンする。中に水蒸気が発生しスチームしたようになるので茶色くこびりついた汚れなどもキレイに落ちます!

その❸ 洗いやすいサイズの「フロアマット」

キッチンの床にフロアマットを敷くと滑ってかえって危ないと思っている人も多いのでは? ですが、油汚れや水アカも多く飛び散っているため、滑り止め付きのフロアマットを敷いたほうが汚れは防げます。洗濯機で洗いやすいサイズのものを選びこまめに洗うようにしましょう。

その❹ コンロ周りの油汚れには「レジ袋やラップ」

レジ袋やポリ袋、ラップなどに使われているポリエチレンは、油と性質が似ているため油がくっつきやすい。また、表面のシワの凹凸に汚れが入り込みやすくなるので汚れが落ちやすくなります。汚れがひどいところには台所用中性洗剤をつけてつまむように取るのがコツ。お皿にも有効なので、ラップであれば温め終わった使い古しのものでそのままお皿を洗えば、洗剤や水の節約にもなります。

【キッチン】のおまとめ

家事は道具が基本。といってもたくさんの道具を使うということではありません。キッチンは、ホコリ汚れの他に油汚れや水アカなどいろいろなタイプの汚れが混じっており、それに合わせて各種の洗浄剤や便利グッズを集めても、結局使いこなせないのが現状です。私の場合は、番組でも紹介した「ゴム手袋」「マイクロファイバー雑巾」「掃除用ブラシ」を基本に、洗剤は「過炭酸ナトリウム(酸素系漂白剤)」と、油汚れ落とし効果のある「セスキ炭酸ソーダ」があればだいたいOK。この2種の洗剤を用途に応じて使い分けるのがオススメです。

？家事えもん流　あきらめ家事解消得ワザ

「キッチン」はホコリだけでなく
油汚れや水アカもあわせて撃退！

キッチンのしつこい油汚れは、超電水と耐水ペーパーのWパワーで簡単オフ！

秘密道具
超電水

秘密道具
耐水ペーパー

今家事業界で注目の"魔法の水"超電水と工作などでも使う
耐水ペーパーが威力を発揮！

キッチンのしつこい油汚れは、
超電水と耐水ペーパーのWパワーで簡単オフ!

手順

❶ ホームセンターなどで1000円程度で購入できる<u>超電水</u>を、汚れに吹きかけて30秒ほど置く。

POINT!
水を電気分解してPHを高め、アルカリ性を強めた掃除グッズ。水のアルカリ性が高まるとタンパク質を分解する力も高まる性質を上手に利用している。

❷ ❶で浮いてきた汚れを拭き取る。

❸ ❷までで落ちない頑固なコゲや油は、<u>2000番くらいの目の細かい耐水ペーパー</u>で軽くこすり落とす。

POINT!
図工などで使うタイプは100や400といった目の粗いものだが、表面がスベスベした細かい目のものを使うとコンロが傷つかず汚れだけ落とせる。

BEFOR&AFTER

素材によっては傷つく可能性があるので、少しずつ試してから実践してください。

❓ 家事えもん流 秘密道具得ワザ

「キッチン」はホコリだけでなく油汚れや水アカもあわせて撃退!

天井の汚れはパルプ製クロス、モップ、セスキ炭酸ソーダでお掃除を!

リビングにも最適!　寝室にも最適!

秘密道具
パルプ製クロス

手が届かないからとあきらめていた、天井の気になる汚れが、秘密道具で、すっかりきれいに!

192

天井の汚れはパルプ製クロス、
モップ、セスキ炭酸ソーダでお掃除を!

手順

❶ フロアモップに、パルプ製クロスをつける。

❷ セスキ炭酸ソーダ水をパルプ製クロスに吹きかける。

❸ ②で、天井の汚れを拭く。

POINT!
油を吸着しやすいパルプの細かい繊維が、濡れることで繊維の束になり、油汚れを絡め取ってくれる。

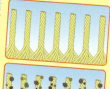

POINT!
いろいろな方向から、パルプ製クロスの毛を汚れに当てるように拭くことがポイント! セスキ炭酸ソーダ水で掃除した後は、水拭きを忘れずに!

BEFOR&AFTER

重曹もセスキ炭酸ソーダも油汚れを落とす力はありますが、今回は水に溶けやすく、油やタンパク質などの汚れを落とす効果が高いセスキ炭酸ソーダを使用。汚れを拭く、スプレーする場合などは、セスキ炭酸ソーダを使いましょう! ちなみに重曹は水に溶けにくいため、研磨剤として力を発揮します。

> 「キッチン」はホコリだけでなく油汚れや水アカもあわせて撃退!

❓ 家事えもん流 秘密道具得ワザ

汚れがちな蛇口やシンクの水アカは、重曹とゴム手袋でピカピカに!!

水周りにも最適!

秘密道具
重曹

秘密道具
ゴム手袋

重曹の研磨パワーを、
ゴム手袋でさらにパワーアップさせる。

汚れがちな蛇口やシンクの水アカは、
重曹とゴム手袋でピカピカに!!

手順

❶ 重曹を水アカ汚れがあるところに振りかける。

❷ ゴム手袋をして、❶で重曹を振りかけた部分をそのまま<mark>磨く</mark>。

POINT!
重曹をスポンジでこすると、スポンジの表面にある穴に重曹が入ってしまい、研磨剤の効力が半減してしまう。けれどゴム手袋なら、その表面に穴がないため重曹が入り込まず、研磨剤としての効力をいかんなく発揮できる！

BEFOR & AFTER

ゴム手袋を使うことで、細かい部分も掃除しやすく、加えて重曹の研磨効果をムダなく発揮できます！

※シンクや鍋の素材が状態によっては、傷がつく可能性があります。

「キッチン」はホコリだけでなく
油汚れや水アカもあわせて撃退!

 家事代行サービス瀬戸島さん流　秘密道具得ワザ

排水溝のガンコな汚れは
重曹、酢、ブラシで簡単に!

水周りにも最適!

秘密道具

重曹+酢

重曹と酢のパワーで汚れを浮かせ、ブラシでこする。

手順

① ゴミを取り除き、重曹と酢をかけ、時間を置いて <mark>汚れを浮かせる</mark>。

② 浮き上がった汚れをブラシでこすって落とす。

POINT!
アルカリ性の重曹に、酸性の酢が混ざることで、炭酸ガスが発生し、気泡が排水口のすきまに入り込んで汚れを浮き上がらせる。

瀬戸島さん POINT!
重曹と酢がない場合は、浴室用洗剤を排水溝が隠れるほど多めに吹きかけて、しばらく時間を置けば、同じ効果で汚れが浮いてくる。

AFTER

ブラシを、たわしのように指で固定してこすると、ブラシの毛先が強くなり頑固な汚れが落ちます。

196

家事代行サービス瀬戸島さん流　秘密道具得ワザ

シンクのぬめりは
アルミホイルを丸めて入れるだけ!

秘密道具
アルミホイル

金属イオンで、キレイが長持ちする得ワザ!

手順

① シンクをキッチン用洗剤とスポンジで掃除し、細かいところはブラシを使い汚れを落とす。

② 排水口にアルミホイルを丸めて入れ、ぬめりを防止する。

アルミホイルが水に触れると、細菌やカビの繁殖を防ぐ金属イオンが発生し、ぬめりを防いでくれます。

「水周り(洗濯)」は
とにかく湿気の除去対策

家事代行サービス「CaSy」瀬戸島実千代さんに聞く!
水周り(洗濯)の汚れポイント&防ぐコツ

スペシャル得ワザ

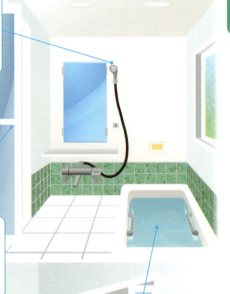

浴室の湿気は早めに乾かすのが一番! 入浴後に壁面などをサッとシャワーで洗い流し、体を拭いたタオルで簡単に拭いておくだけでも全然違う!

お風呂場は、使わない時は換気扇だけでなく、窓やドアも開けておく。全開にするより10cmほど開けておくと空気の流れができ乾きやすくなる。

お風呂の残り湯は、風呂桶などのバスグッズの漬け置き用に再利用を。過炭酸ナトリウム(酸素系漂白剤)を入れて一晩漬けておくだけでピカピカに!
※200pの秘密道具「酸素系漂白剤&気泡緩衝材」を参照

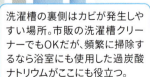

洗濯槽の裏側はカビが発生しやすい場所。市販の洗濯槽クリーナーでもOKだが、頻繁に掃除するなら浴室にも使用した過炭酸ナトリウムがここにも役立つ。

瀬戸島さん直伝！掃除・洗濯知っ得ワザ

その❶ 「ホコリ取り用ワイパー」+「マイクロファイバー雑巾」

浴室の天井の掃除は、今はタイルよりプラスチックなどの材質の場合が多いので、ホコリ取り用の付け替え式ワイパーに、水で濡らしたマイクロファイバー雑巾を装着して拭く。それだけで天井に付着している黒いカビなどもキレイに取れます。毎日は大変なので気づいたときにやる程度でもOKです。

その❷ 「鏡のウロコ」はひどくならないうちに水気を取る!

浴室の鏡のウロコはひどくならないうちにキレイにしておくのが絶対条件。真っ白にこびりついた状態にまでなってしまうとプロでもなかなか落とせないので、そうなる前に、使用後は自分の使ったタオルなどで必ず乾拭きし水滴を残さない!

その❸ 「洗面台の鏡のくもり」にはついでのドライヤー

洗面所の鏡も湿気でくもりがちになり、それがウロコの原因になるので、洗面台のタイプによって内蔵されているくもり止め機能を使うか、ない場合でも髪をドライヤーで乾かすついでに鏡に温風を当てるだけで簡単にくもりを取ることができます!

その❹ 「洗濯の際の靴下迷子問題」をこれで解決!

洗濯物で意外と面倒なのが、干す際に靴下がバラバラになりなかなか見つからないこと。そんな面倒を解消できるのが100円ショップなどで売っている靴下洗濯用の専用クリップ。クリップに1組の靴下を一緒に挟んで洗濯し、そのまま洗濯ピンチに装着できる仕組みになっているのでとても便利です。薄手のものは外れやすいので、洗濯ネットにまとめて入れて洗濯すれば、さらに時短に!

【水周り】のおまとめ

湿気の多い水周りは、早めに水気を取り汚れをためないのが掃除をラクにする最良のコツ。浴室であれば、入浴後についでにサッと汚れを落とす簡単な作業を習慣づけることが大切です。お風呂で代謝がアップした後にさらにエクササイズしたつもりで行えば浴室もキレイ、自分もキレイに! 義務的に掃除をするのではなく、「自分が得するワザは?」と考え工夫をすると、苦痛な家事がだんだん楽しくなってきます。

?家事えもん流 あきらめ家事解消得ワザ

「水周り（洗濯）」は とにかく湿気の除去対策

ついあきらめがちなバス用品のカビは、主婦に流行りのオキシ漬け＋気泡緩衝材で一網打尽に！

秘密道具
酸素系漂白剤＆気泡緩衝材

今主婦に流行の酸素系漂白剤を使ったオキシ漬けに
気泡緩衝材をかぶせると効果アップに！

ついあきらめがちなバス用品のカビは、
主婦に流行りのオキシ漬け＋気泡緩衝材で一網打尽に！

手順

❶ 浴槽の残り湯に100ℓに対し、500～700g の粉タイプの酸素系漂白剤を入れる。

POINT!
色柄ものもOKなシミ抜き用の粉末タイプを使うのがミソ。

❷ カビやヌメリ汚れなどが気になるバス用品を入れる。

POINT!
バス用品の小物の汚れはもちろん、浴槽の掃除もできる！さらに、ぬいぐるみや上履き、お鍋などバス用品以外の汚れ物を漬けてもOK！

❸ 気泡緩衝材をかぶせて、2～3時間放置する。

POINT!
気泡緩衝材をかぶせることで、保温効果が高まり、適温を保ちやすくなる。

家事えもん POINT!
酸素系漂白剤の効果を発揮するのに最適な温度は40～60度。追い炊きして40度程度にすると効果がアップ！追い炊きすることで、お湯が循環するため、風呂釜全体の汚れや給湯口の汚れにも効果を発揮。

BEFOR&AFTER

金属を含むものは傷む恐れがあるためこの方法は使用しないでください。また、漬けておいた小物類は最後に水洗いをし、風呂釜は一度お湯張りをして配管内を洗い流してから使うことをオススメします。

家事えもん流 秘密道具得ワザ

「水周り（洗濯）」はとにかく湿気の除去対策

タイルやカランなどのしつこい汚れは、手作り万能洗剤とゴム手袋でこすって、ピカピカに！

キッチンにも最適！

秘密道具

万能洗剤

材料	
重曹	50g
食器用洗剤	50ml
焼酎	25ml

この万能洗剤は、皮脂汚れや油汚れはもちろん、鍋の黒ずみなど、ご家庭の大半の汚れに利く！

タイルやカランなどのしつこい汚れは、
手作り万能洗剤とゴム手袋でこすって、ピカピカに!

手順

❶ 全ての**万能洗剤**の材料を混ぜ合わせる。

❷ 汚れに①を直横塗り、1分程度置き、**ゴム手袋**でこする。

❸ 最後に、キッチンペーパーなどで拭き取る。

家事えもん POINT!

家庭の汚れの大半は油や皮脂がもとで、これを取り除かないと、その上からホコリやアカが付着し、なかなか落とせないしつこい汚れになってしまう。油や皮脂を浮かせ、落としやすくするのが食器用洗剤に含まれる界面活性剤で、この力をアップさせるのが焼酎に含まれるアルコール成分だ。さらに、それ以外のこびりついた汚れは、重曹の研磨作用で削り落とすことができる。

POINT!
ゴム手袋の表面には穴が開いていないため、そこに重曹が入り込まず、研磨効果がフルに発揮される。

BEFOR&AFTER

しつこい汚れには円や縦、横と、いろんな方向からこすると汚れが落ちやすくなります。ただし風呂場がプラスチックの場合は、強くこすり過ぎると傷がつくことがあるのでご注意を。

「水周り（洗濯）」はとにかく湿気の除去対策

❓ 家事代行サービス瀬戸島さん流　秘密道具得ワザ

洗面台の汚れは、雑巾の持ち方、指の圧力、力の入れ方がポイント！

キッチンにも最適！

秘密道具

マイクロファイバー雑巾

極細繊維でできた雑巾の先だけを持って拭くのがコツ！

手順

❶ 髪の毛などのゴミを取り除き、ブラシで細かい汚れを取る。

POINT!
極細繊維で汚れを吸収し落としやすくする。また、毛足の長さも数種あり長いタイプを使うと蛇口もピカピカに！

❷ 水で軽く濡らしながら<mark>マイクロファイバー雑巾</mark>でシンクの汚れを拭き取る。

AFTER

❸ 乾いた<mark>毛足の長いマイクロファイバー雑巾</mark>で乾拭きをする。

雑巾の先だけを持って拭くことで、指の圧力がダイレクトに伝わり、汚れが簡単に落ちます。しかも小回りも利くので、細かい部分もラクラクきれいに。利き手で雑巾の先を、反対側の手で雑巾の端を持って、スナップを利かす感じで。

204

家事えもん流 秘密道具得ワザ

乾燥機は、乾いたバスタオルを入れれば、時短できる！

秘密道具

乾いたバスタオル

乾燥機の中の洗濯物は、水分を含んでいる量が均等のほうが速く乾く性質がある。

手順

① 乾燥機に洗濯物を入れる時に、乾いたバスタオルを一緒に入れるだけ！

POINT!
乾いたバスタオルを乾燥機の中に入れると、バスタオルが蒸気や水分を吸ってくれて、全体的に水分が均等になろうとすることで、乾きやすくなる。

濡れた洗濯物から乾いたバスタオルへ水分が移動し、その結果、1枚あたりの水分量が減り、洗濯物が乾くまでの時間が短くなる仕組みです。

「水周り（洗濯）」は
とにかく湿気の除去対策

家事えもん流 秘密道具得ワザ

乾きにくい部屋干しの救世主は、シワシワにした新聞紙！

秘密道具
新聞紙

丸めた新聞紙を敷くと、湿気を吸収してくれるので、
湿度が下がり、部屋干しの時間を短縮してくれる。

乾きにくい部屋干しの救世主は、シワシワにした新聞紙!

> 手順

❶ <mark>新聞紙</mark>をシワシワに丸めて洗濯物の下に敷くだけ!

POINT!
濡れたものは干すことで水分が蒸発して乾いていくが、水分が蒸発するにつれ、空気中の湿度が上がり、段々蒸発しにくくなる。これが部屋干しを遅くする理由。しかし新聞紙は通常の紙よりも水分の吸収力が高いので、空気中の湿度を下げてくれる。しかもシワシワにすることで、床と新聞紙の間にすきまができ、上からも下からも湿気を吸ってくれるという仕組み!

普通の紙　新聞紙

新聞紙が洗濯物から出る湿気を吸い取り、部屋の湿度を下げてくれるので、部屋干し時間が時短になります。さらに、ピンポイントで速く乾かしたいものがあるなら、洗濯物の両サイドに新聞紙も干すとより速く乾きます!

「水周り（洗濯）」は
とにかく湿気の除去対策

落ちにくい赤ワインのシミは、焼酎でトントンたたけばOK！

秘密道具

焼酎

赤ワインの主成分であるアントシアニンを、簡単な化学反応で除去。
あとは普通に洗濯するだけ！

手順

❶ シミの裏側に乾いた布を当てる。

208

落ちにくい赤ワインのシミは、焼酎でトントンたたけばOK!

❷ 焼酎を赤ワインの
シミ部分に当て、軽くた
たくようにして、裏側の
布にワインのシミを移
していく。

POINT!
何回かたたくと、下に置いた
布に、赤ワインのシミが移っ
ていく。

❸ 赤ワインのシミが
裏側の布に完全に移っ
たら、洗濯する。

BEFOR & AFTER

赤ワインのシミが落ちにくいのは色素成分「アントシアニン」がアルコールに溶けやすく、繊維につくと、吸着しやすい性質をもつためです。しかしアントシアニンは、アルコールが強いほど溶けやすい性質があるので、ワインより強いアルコールをもつ焼酎をしみ込ませれば、アントシアニンが移動します。これが、シミが落ちる仕組みです。ちなみに、ワインよりアルコール度数の高いお酒を使えば、焼酎でなくても同じようにシミは落ちます!

洗濯機で洗う際、お水よりもお湯を
使うと、アルコールの浸透力が増し
て、シミが落ちやすくなります。

※水洗いできる衣類に限ります。
まずは目立たないところで色落ちしないか試して
から実践してください。

「寝室」は整理しきれない衣類や布団で
ホコリとダニがいっぱい！

家事代行サービス「CaSy」瀬戸島実千代さんに聞く！
寝室 の汚れポイント＆防ぐコツ

スペシャル得ワザ

布団カバーや枕カバーを毎日洗うのは大変。清潔感を保つためには枕カバーの上にタオル1枚、カバーの顔が当たる部分にもタオルを当てておきタオルだけ毎日洗う。

衣類やベッドの布団などでホコリがたまりやすいのが実は寝室。まず掃除は、ホコリとそこにつくダニ対策も大切。
※214pの秘密道具「スチームアイロン」を参照。

ホコリは軽く舞いやすいため、カーテンレールや棚の上など高いところをブラシ付きの掃除用ノズルで吸い込んでから最後にフロアに掃除機をかける。

ホコリがたまりやすいためベッドやデスクなど置く家具類はなるべく足元がすっきりしたタイプか、逆にすきまがないものを選び床掃除がしやすい環境にする。

瀬戸島さん直伝！掃除・洗濯知っ得ワザ

その❶「ダニ退治」は夜間に

ダニ対策のための掃除は、実は夜間がオススメ。ダニは夜行性なため暗い状況になると活発に動き出し表面に出てきやすくなるので、そのタイミングで掃除機をかけると効率良くダニ退治ができます。夜間掃除機をかけにくい場合は、昼間、掃除をする前にカーテンをひいて暗い状態にし1時間後ぐらいに掃除機をかければ効果がアップ！

その❷「ベッド」は壁から離す

寝室は昼間の出入りが少なく、閉め切っていることも多いため湿気も意外にたまりやすい。できればベッドの配置は壁側にぴったりつけず、少し離して置くか、窓際に寄せるなどなるべく空気が流れるようにし、朝起きたら窓を開けて換気することをオススメします。

その❸「収納ケース」は同じもので統一

増えがちな衣類をクローゼットにきちんと整理するのは大変。基本の整理術では畳んだ衣類をそのまま重ねず縦に立てた状態で収納していきますが、その場合不要なボックスなどに季節や用途ごとに分けて詰めていくのがオススメです。可能であれば同じサイズの収納ボックスをいくつか購入し、季節ごとにボックスを分けておくとさらに便利。その時期使う衣類をクローゼットの手前に置き、使わない衣類は奥側や棚の上段などに収めてしまえば迷わず出し入れができ、見た目もスッキリ！
季節が変わったらボックスの引き出し部分だけ入れ替えれば衣替えもあっという間に完了です！

【寝室】のおまとめ

衣類や布団などのホコリが出やすく、また収納スペースに入りきらないもので乱雑になりがちなのが寝室です。整理しようと無理に断捨離しなくても、パッと見ゴチャゴチャしていない程度に片づけておけばいいというのが私の考え方。「整理整頓」が目的になると、きっちりしまい込んでしまい、見つけにくい、出しにくい、結果また出しっ放しという本末転倒な状況にもなりかねません。どこに何があるか分かるように用途に応じてざっくりした定位置を決め、あとは家族がそれを共通認識し、使った後はそこに戻す。この「戻しやすい環境づくり」だけで散らからなくなり、清潔感も保ちやすくなるのです。

家事えもん流 秘密道具得ワザ

「寝室」は整理しきれない衣類や布団で
ホコリとダニがいっぱい!

時短、簡単、3分でできる 掛け布団カバーの簡単なかけ方!

掛け布団カバーの簡単なかけ方

カバーの中で布団がよれたり、ぐちゃぐちゃにならない!
効率よく、スピーディーに、掛け布団カバーをかける方法。

212

時短、簡単、3分でできる掛け布団カバーの簡単なかけ方!

手順

① カバーを裏返して、布団の上に重ねる。

POINT!
カバーを裏返してから重ねることで、四隅のヒモと布団の角が合う。

② 布団とカバーの重なっている角のヒモを結ぶ。この時座ったまま、自分は動かず、布団を回すように動かし、次の結ぶ角を持ってくる。

POINT!
布団を回すことで、自分が移動するロスをなくす!

③ 四隅のヒモを結び終えたら、チャックとは逆側の奥の両角2つを掴み、立ち上がって持ち上げ、表面にひっくり返す。これで、カバーがかかる。

④ 最後にチャックを締めれば完成。

裏返して結ぶことでヒモを探す手間が省け、さらに裏側で結んでいるので、持ち上げてガバッと表面に戻すことで、簡単にカバーをかけることができます!

「寝室」は整理しきれない衣類や布団で
ホコリとダニがいっぱい!

 家事代行サービス瀬戸島さん流　秘密道具得ワザ

湿気がたまりがちな布団や枕は、アイロンのスチームを使って除菌できる!

リビングにも最適!

秘密道具

スチームアイロン

ハンディタイプはどこでも気軽に除菌対策ができる。

手順

❶ <u>アイロンのスチーム</u>を布団や枕に当てる。

POINT!
75度以上が殺菌の目安と言われているので高温のスチームを布団などに当てると、除菌やダニ退治が期待できる。

❷ スチームの湿気を取るため❶を、風通しの良いところに置いておく。

ハンディタイプは高性能のスチームアイロンより除菌力は少々劣りますが、衣類はもちろんクッションなどどこでもかけられるので便利です。

< TV STAFF >

チーフプロデューサー	糸井聖一
企画・演出	宍島隆
プロデューサー	滝澤眞一郎　城野麻衣子　井上裕次　三渕佳孝　森川喜由華 筒井梨絵　宮木千佳　佐藤理恵　岡本計
演出	上田崇博　吉田雅司　渡辺春住　井上圭　大場剛　遠山広
ディレクター	安池薫　清水洋　佐伯直哉　小川大輔　高橋久直　梶山飛博
協力	ザ・ワークス　ザイオン　AXON　極東電視台　てっぱん
アシスタントプロデューサー	久保田聡　安達流海子　加世田菜穂　阿部理江 山岡恭典　草場千恵　張瑋容
アシスタントディレクター	西岡伊吹　福岡蓮太　田中英之　小林哲平　山岡弘和　佐々木麻理菜
制作進行	城下直子　増田沙織
デスク	本郷直
フードコーディネーター	時吉真由美　山田真紀　あまこようこ　尾身奈美枝　渋澤雪絵
リサーチ	野村直子　村田恭子　佐々木辰哉
書籍担当プロデューサー	島ノ江衣未　山脇瞳

「得する人 損する人」
日本テレビ系列　毎週木曜よる7:00〜放送
司会：フットボールアワー後藤輝基、羽鳥慎一
レギュラー出演者：平成ノブシコブシ　吉村崇
★料理・掃除・収納など、暮らしで得する情報を
　ラクに学べる情報バラエティ番組
www.ntv.co.jp/tokuson/

＜ BOOK STAFF ＞

企画構成・編集　大谷みさ子　大久保寛子

BOOKデザイン　カワチコーシ

撮影　　　　　　中島慶子（マガジンハウス）

イラスト　　　　小倉隆典

出版プロデューサー　将口真明　飯田和弘（日本テレビ）

家事の得ワザ
一流のプロたちに学ぶ
「家庭で使える得ワザ」大全集

2018年3月29日　第1刷発行
2018年4月18日　第2刷発行

「得する人 損する人」編

発行者　石﨑 孟
発行所　株式会社マガジンハウス
　　　　〒104-8003 東京都中央区銀座3-13-10
　　　　書籍編集部　☎03-3545-7030
　　　　受注センター　☎049-275-1811

印刷・製本　中央精版印刷株式会社

©2018 NTV, Printed in Japan
ISBN978-4-8387-2987-6 C0077

乱丁本・落丁本は購入書店明記のうえ、小社制作管理部宛にお送りください。
送料小社負担にてお取り替えいたします。
但し、古書店等で購入されたものについてはお取り替えできません。
本書の無断複製 (コピー、スキャン、デジタル化等) は
禁じられています (但し、著作権法上での例外は除く)。
断りなくスキャンやデジタル化することは著作権法違反に問われる可能性があります。
定価は表紙カバーと帯に表示してあります。

マガジンハウスのホームページ　http://magazineworld.jp/